# 应急科普与安全文化

## ——应急科普创新发展的回顾与展望

张 英 管 华 编著

地震出版社

图书在版编目（CIP）数据

应急科普与安全文化：应急科普创新发展的回顾与展望/张英，管华编著．— 北京：地震出版社，2024.
11．—ISBN 978-7-5028-5691-5

Ⅰ．D035.29-53；X9-53

中国国家版本馆 CIP 数据核字第 2024HW7173 号

地震版　XM5663/D（6523）

应急科普与安全文化——应急科普创新发展的回顾与展望

张　英　管　华　编著

责任编辑：张　平
责任校对：凌　樱

出版发行：地震出版社

北京市海淀区民族大学南路 9 号　　　邮编：100081
发行部：68423031　　　　　　　　　传真：68467991
总编办：68462709　68423029
编辑室：68467982
http：//seismologicalpress.com
E-mail：dz_press@163.com

经销：全国各地新华书店
印刷：河北赛文印刷有限公司

版（印）次：2024 年 11 月第一版　2024 年 11 月第一次印刷
开本：710×1000　1/16
字数：252 千字
印张：15.75
书号：ISBN 978-7-5028-5691-5
定价：68.00 元

版权所有　翻印必究

（图书出现印装问题，本社负责调换）

# 序言

在人类社会的漫长发展历程中，安全始终犹如明灯一般，照亮我们前行的道路，为我们提供安全的保障。它们是人类文明进步的显著标志，更是我们应对各种自然灾害、事故灾难等突发事件时不可或缺的坚实后盾。然而，随着时代的快速变迁和科技的日新月异，应急科普与安全文化的内涵和外延也在不断地丰富和拓展，这要求我们必须站在新的历史起点上，以全新的视角重新审视和思考其创新发展的问题。

正是在这样的背景下，《应急科普与安全文化——应急科普创新发展的回顾与展望》这部著作应运而生。本书精心汇编了一系列关于应急科普与安全文化的文章，旨在通过回顾过去、展望未来，深入探讨应急科普创新发展的路径和方向。这些文章不仅涵盖了应急科普的兴起与发展、标准体系建设、基地建设、智库建设等多个方面，还重点关注了安全文化的细水长流，以及在防灾减灾工作中的重要作用。

应急科普的兴起与发展，离不开时代的变迁和社会需求的变化。随着科技的快速发展，各种新型灾害和事故不断出现，给人类带来了前所未有的挑战。因此，应急科普的重要性日益凸显，成为了保障公众安全的重要手段。在这个过程中，标准体系建设、基地建设、智库建设等方面的工作都取得了显著的进展，为应急科普的深入发展奠定了坚实的基础。

与此同时，安全文化的细水长流也不容忽视。安全文化是人类在长期生产生活中形成的一种共同的价值观念和行为规范，它潜移默化中影响着每个人的行为和思维方式。因此，加强安全文化建设，提升公众的安全意识和应对能力，对于防范和减少灾害事故具有重要意义。

在新时代背景下，应急科普与社会韧性成为了我们关注的焦点。本书特别增加了"应急科普与社会韧性"的篇章，深入探讨了如何通过应急科普提升社会的韧性和抵御风险的能力。这不仅需要我们加强应急科普的宣传和普及工作，还需要我们建立完善的应急管理体系和救援机制，提高整个社会的应对能力和抵御风险的能力。

此外，本书还结合历史与现实，深入分析了灾害与传染病等突发事件给人类带来的教训和挑战。这些突发事件不仅给人们的生命财产安全带来了巨大威胁，也对社会的稳定和发展造成了严重影响。因此，我们需要认真总结这些教训和挑战，不断完善应急科普和安全文化的体系建设，提高应对突发事件的能力和水平。

同时，新兴科技对应急科普也带来了机遇和挑战。人工智能、虚拟技术等新兴科技的应用为应急科普提供了新的手段和方法，可以更加生动形象地展示灾害事故的危害和应对方法。但是，这些新兴科技也带来了新的挑战和问题，需要我们不断探索和研究。

最后，本书还附录了一系列关于应急科普与安全文化的政策文件，为读者提供了丰富的参考资料和启发。这些资料不仅可以帮助读者深入了解应急科普与安全文化的相关知识和发展趋势，还可以为读者提供实践中的指导和借鉴。

我们相信，通过本书的出版，能够进一步推动应急科普与安全文化的创新发展，提升公众的安全意识和应对能力，为构建安全、和谐、稳定的社会环境作出积极贡献。让我们携手共进，为应急科普与安全文化的繁荣发展而努力奋斗！在未来的道路上，我们将继续探索和创新，让应急科普与安全文化在人类社会的发展中发挥更加重要的作用。

# 目录

## 第1篇
## 应急科普 方兴未艾

应急科普创新发展的回顾与展望 ………………………………………… 003
应急科普宣教夯实安全宣教发展基础 …………………………………… 016
如何评价应急科普工作成效 ……………………………………………… 024
公众需要什么样的应急科普 ……………………………………………… 030
应急科普,迎"难"而上 ………………………………………………… 043
应急科普与元科普 ………………………………………………………… 047

## 第2篇
## 应急科普几大面向

应急科普标准体系建设研究 ……………………………………………… 055
应急科普标准化工作的几点思考 ………………………………………… 064
提升灾害风险防范意识和能力,科普在路上 …………………………… 072
浅议应急科普基地的建设与发展 ………………………………………… 078
从应急科普谈科普智库建设 ……………………………………………… 083
应急管理科普发展策略与公众防震减灾态度调查分析 ………………… 089
公共安全教育基地运维情况分析及建议 ………………………………… 103
应急科普产品供需现状调查分析 ………………………………………… 108
应急科普长效机制建设 …………………………………………………… 123

# 第 3 篇
## 安全文化　细水长流

试论新时代防灾减灾指导思想的背景、内涵及意义 …… 131
整合力量，构建防灾减灾宣教长效机制 …… 137
聚焦防灾素养 培育安全文化 …… 140
应急科普要细水长流 …… 143
由 2020 防灾减灾日主题说开去 …… 147
应急管理工作应重视安全文化培育 …… 151
消防科普应与应急科普相融合 …… 155
新时代安全文化培育的几点思考 …… 157

# 第 4 篇
## 应急科普与社会韧性

儿童减灾教育之我见 …… 165
让学校成为最安全、家长最放心的地方 …… 172
健康科普与应急科普融合发展的几点思考 …… 180
如何提升基层应急管理能力 …… 185

# 第 5 篇
## 历史与未来：机遇与挑战

灾害与传染病：历史的教训，防患于未然 …… 193
人工智能对应急科普的机遇与挑战 …… 201
虚拟技术在仿真训练体验中的应用：科技与教育的完美融合 …… 206
如何做好应急科普讲解 …… 212
应急科普人才培育的路径 …… 217

# 附录

附录1 推进安全宣传"五进"工作方案 ………………………… 227
附录2 关于进一步加强突发事件应急科普宣教工作的意见 ………… 235
后记 …………………………………………………………… 240

第 1 篇

# 应急科普　方兴未艾

# 应急科普创新发展的回顾与展望

应急科普就是将关于突发性事件的事前预防、事中应对、事后处置等方面的应急管理领域科学知识、技能以通俗易懂、喜闻乐见的形式通过多种渠道向社会公众普及，以提高公众应对突发性事件的能力，从而保障人民群众生命财产安全，维护社会稳定。

突发事件具有突发性与紧急性、破坏性、不确定性等特征。要想迅速科学地应对，需要平时长期的思想准备与相关应急知识的学习。当突发事件发生时，公众具备处理问题的知识和能力与否，在很大程度上决定了灾害、事故伤亡率。同时，面对突出事件中层出不穷的各种慌乱的相关网络信息，及时开展突发应急科普，传递积极、正确的信息，有效开展舆论引导，铲除谣言产生的"土壤"和中断其传播，不仅可以有效缓解人们的恐慌情绪，还有助于维护社会的和谐稳定。此外，通过有效的应急科普不仅可以提升公众应对突发事件的能力，保护人民生命财产安全，而且还可以帮助公众更加关注和理解支持应急管理工作，营造全民参与防灾减灾的良好安全文化氛围。

应急科普是应急管理和防灾减灾工作的一项重要内容，是有效提升公众应急科学素质与应急避险能力的重要途径，是有效防范化解重大风险的重要抓手，对推进应急管理治理体系和能力现代化具有重要意义。

---

本文作者张英，2023 年发表于《中国应急管理》，有删减。

多年来，国外一些国家和地区通过推进应急科普体系建设，已经形成一种积极的安全文化，从某种程度上实现了"关口前移"。随着经济社会不断发展，我国广大人民的应急科学素质与安全意识不断提升。非典、汶川地震等突发事件发生后，公众更加关注防灾减灾、安全议题，我国公民应急科学素质有了大幅度的提升，但目前也存在应急科普发展不平衡、不充分的问题。站在新起点，如何应对未来一段时间应急科普发展问题是当前迫切需要研究解决的重要课题。

## 一、应急科普的发展阶段

党和国家历来高度重视应急管理及应急科普工作，应急管理制度源于2003年的"非典"，随后我国建立了全国应急预案体系、各级政府建立了突发事件应急管理办公室。随着我国应急体系的建立，应急科普宣传教育也逐渐提上议事日程，应急科普是整个应急管理系统不可或缺的重要元素。

应急科普一词，出现并流行于"非典"期间，意为突发事件时段的应急科普，区分于日常科普。2005年，国务院办公厅印发《应急管理科普宣教工作总体实施方案》（国办函〔2005〕90号），有力指导各地各部门将应急防护知识普及到公众、落实到基层。不难看出，应急科普是应急管理事业的重要组成部分，是常态的基础性工作。不断提高全民科学素质，是实现科技强国和"两个一百年"奋斗目标的群众基础和社会基础，也是推进新时代应急管理事业现代化的力量源泉。同时，《中华人民共和国突发事件应对法》（2007）等政策规定制度相继明确要求县级以下人民政府应当组织开展应急知识的宣传普及活动和必要的应急演练，要完善突发事件卫生应急体系。

党的十八大以来，党和国家越来越重视应急管理及应急科普工作。

随着《关于新时代进一步加强科学普及工作的意见》《"十四五"国家科学技术普及发展规划》《"十四五"国家应急体系规划》等系列文件的出台，社会重视程度越来越高，多元社会主体参与越来越积极。2022年3月全国科普工作联席会议上指出，新时代，要着重提升科普工作应急服务能力，推动建立应急科普机制。最近发布的《关于新时代进一步加强科学普及工作的意见》指出：统筹日常科普和应急科普，深入实施全民科学素质行动，为全社会开展应急科普工作创造良好环境和条件。

按照汶川地震、应急管理部组建、新冠肺炎疫情发生作为时间节点，可以将应急科普划分为如下几个阶段：孕育阶段、发展阶段、快速发展阶段。当前，应急科普正处于快速发展的阶段，通过上文对应急科普政策的梳理不难看出，应急科普社会参与的局面已经基本形成。

### 1. 孕育阶段

汶川地震发生后，我国应急管理体系建设驶上快车道。尤其是党的十八大以来，我国开始从国家安全、社会治理高度统筹应急管理工作，坚持"人民至上、生命至上"执政理念。党的十八大报告明确指出，要加快形成源头治理、动态管理、应急处置相结合的社会管理机制。做好应急科普工作，必须大力普及应急科学知识，弘扬应急科学精神，传播应急科学思想，倡导应急科学方法，掀起应急安全、应急减灾、应急救援科普热潮，提升公众应急科学素质，为全面提升应急管理综合能力奠定坚实基础。

2013年11月，党的十八届三中全会审议通过《关于全面深化改革若干重大问题的决定》，提出"健全公共安全体系"。中共中央政治局2015年5月29日下午就健全公共安全体系进行第二十三次集体学习。中共中央总书记习近平在主持学习时强调，公共安全连着千家万户，确保公共安全事关人民群众生命财产安全，事关改革发展稳定大局。要牢固树立安全发展理念，自觉把维护公共安全放在维护最广大人民根本利益中来认识，扎实做好公共安全工作，努力为人民安居乐业、社会安定有序、国家长治久安编织全方位、立体化的公共安全网。

### 2. 完善阶段

党的十九大报告指出：坚持总体国家安全观。统筹发展和安全，增强忧患意识，做到居安思危，是我们党治国理政的一个重大原则。2018年应急管理部组建，结束了我国没有综合灾害、事故管理部门的历史，进一步完善我国应急管理制度。至此，应急科普可以理解为应急管理领域的科普。中共中央政治局 2019 年 11 月 29 日下午就我国应急管理体系和能力建设进行第十九次集体学习。中共中央总书记习近平在主持学习时强调，应急管理是国家治理体系和治理能力的重要组成部分，承担防范化解重大安全风险、及时应对处置各类灾害事故的重要职责，担负保护人民群众生命财产安全和维护社会稳定的重要使命。要发挥我国应急管理体系的特色和优势，借鉴国外应急管理有益做法，积极推进我国应急管理体系和能力现代化。

### 3. 发展阶段

2020 年 5 月 6 日，国务院安委会、应急管理部联合印发《推进安全宣传"五进"工作方案》，对做好新形势下安全宣传工作进行统一部署，明确工作重点，细化任务举措，提出具体要求。2020 年 9 月，为不断增强社会公众对突发事件的应急意识和应对能力，不断增强社会公众关于公共卫生、自然灾害、事故灾难等突发事件的应急意识和应对能力，最大程度地预防和减少突发事件造成的损害，更好地服务和保障经济社会发展，中国科协、中央宣传部、科技部、国家卫生健康委、应急管理部五部门联合印发《关于进一步加强突发事件应急科普宣教工作的意见》。这两个文件可以有效指导、实现现阶段应急科普宣传教育工作的精准发力。

## 二、应急科普的主要成就

安全与发展是人类社会的基本议题，应急管理科普宣教工作对于增强公众的公共安全意识、社会责任意识和自救互救能力，提高各级组织的应急管理水平，最大程度地预防和减少突发公共事件及其造成的损害，具有十分重要的意义。随着经济社会不断发展，人们对安全的需求越来越强烈，应急科普的价值与意义越来越凸显，尤其是自新冠肺炎疫情发生以来，相关部门主动作为，发挥了重要作用、取得了实际效果。

**1. 政策体系不断完善**

在 2016 年全国科技创新大会上，习近平总书记强调，科技创新、科学普及是实现创新发展的两翼，要把科学普及放在与科技创新同等重要的位置。

没有全民科学素质的普遍提高，就难以建立起高素质创新大军，难以实现科技成果快速转化。值得关注的是，《中华人民共和国国民经济和社会发展第十四个五年规划和 2035 年远景目标纲要》明确提出，要"广泛开展科学普及活动，加强青少年科学兴趣引导和培养，形成热爱科学、崇尚创新的社会氛围，提高全民科学素质"。众所周知，我国正经历着人类历史上速度最快、规模最大的城市化进程，城市各种复杂的风险问题不断涌现。同时广大农村地区很多处于灾害易发区、频发区，加之基层抗灾救灾力量相对薄弱，群众自救能力相对不足，应急科普值得关注和研究。

近年来，全国各级政府和政府各部门主动担当，加强应急科普顶层设计和政策支持，在探索构建国家应急科普机制、完善应急管理体系方面开展了有益的探索实践。如《"十四五"国家科学技术普及发展规划》《关于新时代进一步加强科学普及工作的意见》提出要加强应急科普工作：要建立应急科普机制，统筹日常和应急科普工作。建立健全国家应急科普协调联动机制，完善各级政府应急管理预案中的应急科普措施，推动将应急科普工作纳入政府应急管理考核范畴。统筹自然灾害、卫生健康、安全生产、应急避难等科普工作，加强政府部门、社会机构、科研力量、媒体等协调联动，建立应急科普资源库和专家库，搭建国家应急科普平台。积极开展应急科普宣传活动，推进面向大众的应急演练、防灾减灾等科普工作，增强科普宣教的知识性、趣味性、交互性。完善应急科普基础设施，建设安全生产主题公园等安全文化教育基地，推动应急科普融入公众生产生活。持续提升应急管理人员、媒体从业人员的应急科普能力。

**2. 成果平台不断涌现**

目前，应急科普已经成为学界的研究热点，相关研究成果层出不穷。

毋庸讳言，学术界对应急科普的理论研究尚不够深入，如应急科普的基本理论，内容纲要、传播特点、受众需求、公众应急科学素质等都亟须研究。例如应急科普概念还未形成统一观点，大抵分为两大类：突发事件应急科普和应急领域科普。不同学者开展了内涵分析：杨家英和王明（2020）指出，应急科普要从两个方面来进行理解：一方面是针对已发生的公共突发事件进行的各种应急性科普服务，另一方面是针对容易发生的公共突发事件开展的常规性预防科普教育。张英（2020）从灾前应急知识的科普、突发事件应对时段的科普、灾后安全与减灾的科普这几个层次来理解应急科普的内涵。郑念等（2020）指出：应急科普需有前瞻性预防和评估的专业知识，需要对任何意外和风险进行提前预判和评估，并向社会科普舆情信息，提醒与指导社会各界做好危机防范，落实所有各项准备和保护工作，最大程度地降低风险和损害。研究者认为，应急科普就是将关于突发性事件的事前预防、事中应对、事后处置等方面的应急领域科学知识、技能通过科普宣传教育向社会公众普及，以提高公众应对突发性事件的能力与应急科学素质，从而保障人民群众生命财产安全，维护社会稳定。

应急管理部组建之前，全国各地已有不少防灾减灾、消防、安全类场馆，经过多年的发展，此类科普教育基地已经有了一定规模，也各成体系，各地在建设过程中形成了一定的发展模式，初步形成了大、中、小配套格局，各地在建设过程中形成了各自的独特应急科普基地建设发展模式。据统计，我国各类应急科普类（应急安全、应急减灾、应急救援）场馆数量逐渐增多。我国应急科普人员队伍持续扩大，科普经费投入稳定提高。全国应急科普作品如雨后春笋般增多，近三年度（2019—2021年）应急管理系统开展的优秀科普作品征集活动以及新媒体作品征集活动，共遴选516个获奖优秀作品，新媒体作品千余件，应急科普和安全文化作品如雨后春笋般涌现。这都反映了公众的强烈需求与相关部门、社会力量的积极推动。

网络已成为公众生活不可或缺的重要空间。突发事件后网络谣言传播速度快，影响范围广、社会危害大，科学家是辟谣的主力军，理应当在网络科学类谣言面前及时发出权威之声。2019年8月30日，"科学辟谣平台"在北京正式启动，该平台组织科学家及时开展辟谣活动。据统计，截至

2022年7月，平台已发布辟谣作品3911个，总用户数量达756万，累计传播量和话题量超过73.2亿次。

2021年10月12日，中国科普研究所与应急管理部宣教中心签署合作备忘录，双方就深入贯彻落实相关文件精神，进一步加强资源共享，实现优势互补，形成工作合力达成深度合作意向。签约仪式在京举行。双方就应急科普智库建设开展深度合作，将围绕应急科普智库产品打造、应急科普资源和平台搭建、应急科普宣教工作开展、应急科普研究成果交流等方面，充分发挥各自领域的资源优势，汇智聚力、协同创新，共同提高应急科普能力与水平，助力应急科普智库平台建设，携手共促应急科普事业长远发展。

### 3. 社会参与不断深入

多起教科书式的应急避险案例告诉我们，开展应急科普具有重要意义与价值。汶川大地震之后，大部分公众都愿意积极学习一些应急避险知识，这些都是一些积极的现象，面对灾害我们不能过分悲观，也不能过分乐观，只有有所准备，方能防患于未然。十八大以来，应急科普供给侧不断发力，科普类型形式多样，科普效果成绩斐然，公众应急科学素养不断提升，2018年中国公民科学素质建设报告显示：2018年，中国公民具备科学素质的比例为8.47%，北京公民具备科学素质的比例为21.48%。可以看出，随着经济社会不断发展，公民科学素质不断提升，《全民科学素质纲要》中涉及安全科学素质层面的内容大概占1/4，加之结合相关调研显示，公民安全科学素质近年来稳步提升。

行业主管部门结合全国科技周、科普日，防灾减灾日、安全月、119消防日等重要时间节点开展了系列活动，应急科普活动类型多样、贴近群众、亮点纷呈：以"应急科普守护你我"为主题的2022年全国应急管理科普讲解大赛开展得如火如荼，这仅是近年来推动应急管理科普宣教工作的一个缩影。值得一提的是，应急科普优秀科普作品大赛、微视频大赛都连续举办了几届，对于树立先进典型、繁荣应急科普创作起到了积极作用。

此外，一些社会组织、学会分支机构不断涌现。如中国科普作家协会应急科普专委会积极开展相关工作。该应急科普专委会举办了系列年会、科普中国、科普研究沙龙活动。如 2022 年 9 月 8 日，由中国科普研究所主办，中国科普作家协会应急科普专委会承办的科普中国智库 2022 年专题活动——"应急科普创新发展论坛"在京举办。一些非政府组织也积极通过开展科普材料编撰、发起公益项目等形式，积极推进公民应急科学素质提升。

## 三、应急科普的基本经验

安全与发展至关重要，应急科普方兴未艾。我国是世界上自然灾害种类最多的国家，灾害种类多、发生频次高、造成损失重。近年来，公众防灾素养不断提升。近年来，公众防灾素养不断提升，社会参与的社会氛围逐渐形成，这一系列成就的取得得益于党的领导以及人民至上、生命至上的执政理念，得益于重视公众参与加强文化自信等方面的理念与政策举措。

### 1. 坚持党的领导

人民至上、生命至上，这是坚持以人民为中心的价值追求，也是做好应急科普工作的必然要求。一方面，应急科普宣传教育可以不断提升公众防灾素养，保护自身及家人的安全，培育安全文化，构建安全安心社会；另一方面，公众防灾素养提升后，更加容易理解、支持应急管理工作。

灾害面前坚持以人为本，切实保障人民群众生命财产安全，这是我党全心全意为人民服务的根本宗旨所决定的。党的十八大以来，在习近平新时代中国特色社会主义思想指导下，全面深化应急管理体制改革，着力提升应急管理效能和水平，促进应急科普良性发展，更好地满足了人民日益增长的公共安全新需要。为将突发事件的风险降到最低限度，各级相关应急管理主体须在有限时间和资源的情况下，做出关键决策，进行社会动员，采取应对措施。相关行业主管部门是应急科普的主要责任人与实施者。公民的应急科学素质与社会的安全文化水平决定了应急管理社会动员的效果；公民作为自救互救的关键力量，应急技能与知识至关重要。

引导、规范非政府组织、发展志愿者组织参与应急科普工作,大力发展社会力量参与应急科普工作,这是有效的补充。多个非政府组织在与地方党政部门总体统筹下通过社会力量在社区、学校开展文化培育。非政府组织希望通过"自下而上"的模式推广应急科普,提升基层群众的意识与安全素质,进而培育安全文化:如相关社会组织通过开发资源包、教师教育读本,在全国多个项目点进行推广。

### 2. 注重公众参与

应急科普发展成就的取得还得益于公众参与。公众参与泛指普通民众为主体参与,推动社会决策和活动实施等。应急管理工作走群众路线,群防群治,筑牢群众防线,要解决"最后一公里"的问题。比如政府部门协作配合、各司其职,将非政府组织纳入应急科普宣传教育培育体系。我们的工作要以人民为中心,加大对安全文化培育工作的投入,为公众提供公共产品与服务,让人民更有获得感。

1995年,阪神淡路地震中从坍塌房屋中抢救出来的幸存者,八成得益于家人及邻居的救助,我国唐山大地震亦如此。2008年,汶川地震中的这一数据高达九成。2011年,311东日本大地震中,社区居民的自助、地方社区里的互助在避难引导,避难所运营方面发挥了重要作用。总结东日本大地震的经验,人民普遍认为自助、互助、公助应该平衡,不能仅仅依靠公助。同时,我们也需要落实"小灾靠地方、中灾靠省级政府、大灾靠中央"的思想,理解有限政府的治理理念,不能仅仅等靠要,动员全民参与,筑牢应急管理的群众防线。

只有发动群众,依靠群众;关注社区基本单元,方能助力基层应急能力的提升。公众深刻理解了人与自然的关系、应急科普的指导理念、内涵,才能让主动防灾、科学避灾、充分备灾、有效减灾成为公众的行动自觉,最大程度地减轻自然灾害风险。

### 3. 加强文化自信

我国传统文化有很多应急管理思想的积极因素，但国人对病和灾一般较为忌讳。对待传统安全文化要发扬扬弃的精神，精华的部分予以发扬，糟粕的部分要予以摒弃；对待国外文化也如此：灾害会在人们忘记的时候来临，灾前预防比灾后救助更人道也更经济，这值得我们借鉴，树立危机意识，防灾减灾、关口前移。

不要人夸颜色好，只留清气满乾坤。假以时日，科学规划、全面渗透，我国的公民的安全素质定能提升。日本等多灾国家和地区，国民防灾素养高，一方面是对多灾的自然环境的响应，另外一方面是应急科普与安全文化培育的成果。对于国外经验要用他山之石攻己之玉，使之在不断完善、不断总结、不断提炼中，构建大国安全文化体系，最终输出优秀的安全文化。

安全文化的培育对于提升我国文化软实力具有积极作用。文化自信是一个国家、民族和政党对自身文化价值的充分肯定，对自身文化生命力的坚定信念。我国在历次大灾之后的"一方有难八方支援"现象，无疑源自优秀的中华传统文化；同时，政府高效开展灾害救助、灾后重建工作，确保灾后社会秩序井然有序；发挥了社会主义国家集中力量办大事的体制优势，为多国所羡慕。

## 四、应急科普的未来发展

新时代构建具有国际观瞻、本土情怀，具有可操作性、指导性的中国应急科普宣传教育体系的需求日益迫切。在此提出一些意见建议，以抛砖引玉。

### 1. 强化顶层设计

国家层面，我们急需建立国家应急科普体制机制，研究、颁发相关的文件、制度与管理办法，将应急科普纳入应急管理预案与体系；建立健全国家应急科普协调联动机制，完善各级政府应急管理预案中的应急科普措施，推动将应急科普工作纳入政府应急管理考核范畴。统筹防灾减灾、生命健康、安全生产等科普工作，加强政府部门、科研机构、媒体等协调联动，注重社会参与，开展国家应急科普能力建设，成立专门机构或委员会，建立应急科普资源库和专家库，搭建国家应急科普平台。遴选专家，组建研究与传播团队，探索政府－专业人士－媒体高效沟通合作的应急科普传播机制，建立权威发声通道、平台。同时，充分调动应急科普从业人员积极性，壮大人才队伍；设置相关的课题、奖励以及职称制度。

**2. 拓展科普阵地**

根据《关于新时代进一步加强科学普及工作的意见》精神，科学规划、因地制宜、适度超前、社会参与推进建设一批应急科普宣教基地。不断加强对应急科普基地建设的支持力度，促进全国应急科普基础均衡发展。鼓励建设具有地域、行业特色的应急科普基地。鉴于此，应利用已有优势、不断依托科技场馆、应急培训和安全教育实践基地、应急避难场所、人民防空宣传教育场所、灾害遗址公园等，建设一批应急管理科普基地。应急科普基地应该探索"地方政府自建为主、应急部门监管、社会多方参与、公平永续开放"的建设和运营模式。充分调动市场主体积极性，多元主体参与，加强管理引导，实现投资多样化、管理多元化、指导标准化、评价机制化，促进新时代应急科普基地有序、良性发展。

**3. 加强理论研究**

加强应急科普理论研究与实践，遴选各地、各领域相关科普专家组建专家库。突发事件应急响应时，应急科普智库专家可以有效开展科普研究、应急宣传、舆情引导、科学辟谣等工作。开展公共安全与应急科普内容大纲研发，不断完善公共安全应急标准体系；推进应急科普供给侧结构性改革，推进应急科普高质量发展。鉴于研究与实践中存在的这些问题，笔者曾提出一些基本的研究议题，以促进应急科普理论研究与实践，建议予以关注。

### 4. 繁荣科普创作

动员各方力量积极参与应急科普工作，发挥好中国科协等部门作用，积极打造地方行业社会化应急科普平台，探索应急科普基金与奖项、公益行动等新措施，构建多元化投入机制。繁荣应急科普作品创作，深入开展形式多样的应急科普品牌五进活动。注重对应急科普热点的预警与素材储备，畅通应急科普在主流媒体的传播渠道，加强安全防护、危机应等权威信息发布，做好舆论引导。加强应急科普研究，增设应急科普课题专项，通过教育培训等措施不断、持续提升应急管理人员、媒体从业人员的应急科普研究与传播能力。

总之，当前，应急科普除持续加强作品创作、打造品牌、推出精品科普产品，开展应急科普体制机制建设外，应做到四个"更加着眼"。一是更加着眼于消除传播误区以救人性命；二是更加着眼于传播科技进步以给人以希望；三是更加着眼于公众参与以提升效果；四是更加着眼于脆弱群体以实现公平正义。同时，要加强应急科普国际交流合作，学习借鉴国外经验做法，提高应急科普水平，并积极向世界各国展示我国应急科普成效，输出优秀安全文化，共建人类命运共同体。

# 参考文献

侯蓉英，郑念，尹霖等. 疫情下的中国应急科普建设与发展［J］. 科技导报，2020，38（13）：129-134.

王明，杨家英，郑念. 关于健全国家应急科普机制的思考和建议［J］. 中国应急管理，2019（08）：38-39.

张英，袁丽慧，邢雅静等. 应急科普标准化工作的几点思考［J］. 中国应急管理，2022（09）：44-47.

张英. 建立健全应急科普长效机制［J］. 中国应急管理. 2020（06）.

张英. 科普智库助力应急科普［J］. 科普研究. 2021（01）211.

张英. 试论新时代防灾减灾指导思想的背景、内涵及意义[J]. 中国减灾, 2019 (11): 42-47.

张英. 提升灾害风险防范意识和能力, 科普在路上[J]. 中国减灾. 2021 (09).

张英. 新时代安全文化培育的新视角[J]. 中国减灾. 2020 (13).

张英. 新时代防灾减灾指导思想价值初探及建议[J]. 中国安全生产, 2019, 14 (08): 52-53.

# 应急科普宣教夯实安全宣教发展基础

日前，以"应急科普守护你我"为主题的2022年全国应急管理科普讲解大赛正式启动。大赛面向全国各级应急管理系统工作人员，从事安全生产、防灾减灾等领域科普讲解工作的专职或兼职讲解人员、应急救援专业人员，以及其他从事应急管理相关事业的有关人员，旨在培育应急管理科普力量，创新应急管理科普形式，传播应急管理科普声音，为党的二十大胜利召开营造良好的安全氛围。

一场全国大赛，仅是近年来推动应急管理科普宣教工作的一个缩影。作为应急管理事业的重要组成部分，应急管理科普宣教对于提升全民科学素质以及公众应对突发事件的处置能力、心理素质和应急素养，引导公众实现主动防灾、科学避灾、有效减灾具有重要意义。

党和国家历来高度重视应急管理科普宣教工作。2020年5月6日，国务院安委会、应急管理部联合印发《推进安全宣传"五进"工作方案》，明确提出"推动建设一批灾害事故科普宣教和安全体验基地，推动社区安全体验场所建设"，对全国加快建设安全宣教场所提出了新的要求。2020年9月25日，中国科协、中央宣传部、科技部、国家卫生健康委、应急管理部联合印发《关于进一步加强突发事件应急科普宣教工作的意见》。作为应急

---

本书作者张英，陈欣（中国应急管理报社），2022年发表于《中国应急管理》。

科普宣教领域 15 年来纲领性文件,《意见》的出台为今后进一步加强突发事件应急科普宣教工作指明了方向。

随着我国应急管理体系建设的逐步完善,加之应急科普各项指导政策陆续出台,全国各地方政府、应急管理部门以提升公众科学素质为主线,建立有效的应急科普机制,深入开展公共卫生、自然灾害、事故灾难等突发事件应急科普宣教工作,推动实现应急科普宣教创新化、协同化、社会化、精准化,构建政府推动、部门协作、社会参与的应急管理科普宣教工作格局,助力防范与化解重大风险,给人民群众带来更加充实、更有保障、更可持续的安全感。

## 一、应急科普宣教驶入快车道

近年来,全国各级政府和政府各部门主动担当,善谋善成,注重制度化、平台化、体系化推动应急科普宣教工作,加强顶层设计和政策支持,办法多、措施实、效果好,在探索构建国家应急科普机制、完善应急管理体系方面开展了有益的探索实践,提供了鲜活案例,增强了社会公众对于自然灾害、事故灾难、公共卫生等突发事件的应急意识和应对能力。

近期,河南省安委会、省减灾委联合印发《河南省全民应急素质能力提升行动方案》受关注。该《方案》突出全民教育、宣传"五进"、基层基础、协调联动、机制建设 5 个特点,提出实施针对产业工人、农民、城镇居民、青少年、家庭群体、领导干部和公职人员等六类人群的应急素质能力提升行动,同时建立部门应急宣传协同推进、媒体应急科普公益宣传、社会科普宣传渠道联动、基层单元应急培训演练、应急文化产业发展推进、突发事件社会应急动员、公民应急素质能力评估等"七项机制",为应急科普在法规制度层面提供坚强保障。

《深圳经济特区科学技术普及条例》于 2019 年 6 月 26 日经深圳市第六届人民代表大会常务委员会第三十四次会议通过,并于 2020 年 1 月 1 日起实施。《条例》第三章"社会责任",明确了各类社会主体的责任。深圳市人民政府还建立了科普工作联席会议制度,办公室设在市科协。

提升农村安全生产水平，做好农村安全宣传教育是重要一环。应急管理部在开展应急科普主题宣教活动过程中，重点关注偏远落后和灾害多发地区，提高应对突发事件能力，全面推进应急科普知识进企业、进农村、进社区、进学校、进家庭。同时，结合重大活动和重要时间节点开展宣教工作，在森林草原防火和"安全生产月""安全生产万里行""119消防宣传月"等活动中，通过线上线下相结合的形式，增强农民安全防范意识和科学处置、自救互救能力，制作推出公益宣传片和系列应急科普产品，全力推进安全应急科普"进农村"。

近年来，低龄化儿童"教科书般"避险的消息屡见报端，一系列迅速、果断、正确的反应，既保护了儿童自身的安全，也从侧面反映出应急科普工作的进步，政府、媒体、专家科普的合力已初见端倪。此外，应急科普从娃娃抓起，不仅教会他们有效避险的本领和意识，他们长大后也容易促进营造全社会关注应急管理事业的氛围。

## 二、办好应急科普宣教大讲堂

《河南郑州"7·20"特大暴雨灾害调查报告》指出，因灾死亡失踪人员遇难前多数仍正常活动，未采取避险措施，甚至有部分人员是转移后擅自返回而遇难，反映出社会公众对这场特大暴雨的危害缺乏基本认知，安全意识和防灾避灾能力不强的问题突出。

公民应急素养是应急管理软实力的体现。近年来，应急科技和装备等硬实力大踏步向前，软实力也须与时俱进。为持续增强社会公众风险意识、安全素养，提升社会公众应急避险、自救互救能力，全国各级地方政府坚持守正创新，对应急科普机制进行有益探索，立足于应急安全知识普及、风险提示信息发布、重大先进典型选树、重点工作任务宣传，着眼于新闻报道激浊扬清、新媒体宣传融合创新、应急科普提质增效、宣教基础不断夯实，组织开展形式多样、持续不断的科普宣教活动，群众风险防范与安全应急意识进一步增强。

北京市应急管理局深化应急科普开放合作，挖掘整合优质科普资源，与市广电局、北京青年报等社会专业力量联合开展"应急管理优秀公益宣传作品征集展示活动"等应急公益作品征集活动，让更多传媒机构、文创单位、融媒体中心参与应急公益产品创作及宣传展播，社会各界广泛参与助推应急公益科普宣传工作，应急科普社会资源聚集效果显现。此外，应急科普文化IP初现规模，在声像产品研发中突出精品创作，研发1套《急中生智》小学生安全科普丛书，拍摄制作1部《有妖气》有限空间公益宣传片，创作多部《疯狂安全家》安全科普动漫，形成了多个应急品牌IP。

为推动应急知识走向基层、走向公众、走进每家每户，全国各地与应急安全相关的线上、线下活动更是不胜枚举。江苏省自2016年起开展安全应急科普环省行系列活动，至今已走进全省10多个城市，受众超过2000万人次；2022年，湖北省以"普及应急知识，守护生命安全"为主题开展公众应急科普宣教系列活动，共包括6项子活动，即应急科普知识全媒体宣传、"2+1"应急安全主题阅读、湖北省公众应急知识竞赛、"安全宣传'五进'必修课"系列直播、应急管理科普"好作品"征集展示、公众应急安全体验实践活动，将防范和遏制季节性事故工作延伸到全社会每个角落。

创新驱动，文化先行。近年来，青岛市以"十个一"工程打造全国应急安全文化高地，应急安全科普宣教走在全国前列。该市连续5年把"第一响应人"培训纳入市办实事并举办"安全在我心中"应急安全文化科普活动，大力推行"体验式"应急安全教育培训，拍摄制作一批应急题材电视剧、动画片、应急公益广告和儿童舞台剧，出版一套儿童安全教育绘本，建设一批防震减灾科普角，同时结合疫情防控要求，开发安全"一站式"线上企业科普小程序，针对不同企业设置涉爆粉尘、液氨制冷等6大类54门课程，通过云端共享等方式，实施"一站式"线上学习，实现了人员不聚集、不受时间和地域限制开展科普教育的目标。目前，累计已有120万名家长和儿童受益，近3万余家企业的20万多名员工参加活动。

在今年第27个"全国中小学生安全教育日"中，河北石家庄、四川巴中、山东菏泽、湖南常德等全国多地消防救援人员走进辖区学校，通过开展消防知识进校园宣传活动、推动体验式安全课程走进乡村小学等方式，帮助中小学生提高消防安全素养，筑牢安全防线。

### 三、建好应急科普常态化平台

国家减灾委员会办公室指出,要增强公众主动避灾避险的意识,提高公众防灾能力,建设一批防灾减灾安全文化教育体验基地,广泛开展防灾减灾科普宣教。

近年来,全国地方各级人民政府陆续出台应急科普政策文件,建立涉科学议题的热点应急科普预案和实施规则,辅之以各类硬件、软件等平台建设,比如建成科技场馆、灾害遗址公园、城市森林公园、应急培训演练和教育实践基地、人民防空宣传教育场所、公众游乐体验设施等应急科普场馆,为开展常态化科普教育活动的落地创造条件。

浙江省安全生产委员会办公室印发《关于深化推进应急(安全)宣传教育体验馆建设工作的指导意见》明确,要通过新建、整合、提升等方式,以有场所、有展示、有活动、有机制等为基本标准,以为民、便民、利民为导向,因地制宜、科学规划、合理布局,多种方式有序推进应急宣教体验馆建设,全省安全宣教馆数量超过 1000 个。

山东省应急管理厅和山东省科学技术协会联合印发的《山东省科普教育基地(应急管理)管理暂行办法》明确,加大省科普教育基地(应急管理)资金投入,指导和支持省科普教育基地(应急管理)建设工作;省科普教育基地(应急管理)应设有专门的科普工作机构,具备完善的科普工作制度,将科普工作纳入工作计划;面向社会和公众开放,全年开放时间不少于 150 天,其中法定节假日期间开放天数不少于 30 天;具备开展科普活动的专(兼)职队伍;具备开展科普教育活动的专门场所,科学规划合理设置实物展示区、安全教育区、互动体验区、案例讲解区、信息查询区等功能区,各功能区面积要满足实际需要;能够保障科普教育活动开展所需的经费等。

2021 年 6 月,陕西省西安市应急管理局、西安市教育局联合印发《关于加快推进中小学安全教育共享教室建设的指导意见》,明确全市在"十四五"期间,通过建设学校安全体验教室,将学校公共安全教育贯穿于学校教育教学、社会实践、游戏活动、综合素质测评等各个环节，使广大学生牢固树立"珍爱生命、安全第一，遵守规则、关爱他人"的意识，具备主动及时"识险、避险、自救、互救"能力，逐步形成学生、家长、学校、社会共同参与的全民安全教育体系。

总体上看，全国各地由政府主导的应急安全体验场馆建设呈现高速增长。中国科技馆是我国唯一的国家级综合性科技馆。为唤起各界对防灾减灾工作的关注，增强全社会防灾减灾意识，近年来，中国科技馆采取展项展品、科普讲座、临时展览、教育活动、网络科普、影视科普、科普游戏等多种方式，全面开展防灾减灾宣传，普及推广全民防灾减灾知识和避灾自救技能。

北京市海淀公共安全馆包括安全生产、环境安全、社会治安、消防安全、地震灾害、禁毒教育、人民防空、信息安全等十三个展区。近年来，该馆探索建立应急科普宣教协同机制，运用球幕成像、VR互动等多项高科技展示手段，融知识性、趣味性、互动性、科技性为一体，通过"一次体验，经久难忘，终身受益"，让观众在体验中增强安全防范意识、学习各种灾难发生时正确的逃生知识和自救互救技能，成为开展公共安全教育的重要平台。

此外，深圳市安全教育基地以实景模拟的形式向广大参观者宣传安全知识技能；南昌市安全生产宣传教育警示基地，采用实景模拟、互动体验的宣教方式，普及常见的事故隐患和应对措施；宁波市在核心地区建设了以应急科普为主要内容的公共安全宣传教育基地。

在第14个全国防灾减灾日，作为第一批全国科普教育基地（2021—2025）、全国防震减灾科普教育基地，"5·12"汶川特大地震纪念馆开展弘扬抗震救灾精神系列主题活动直播。近年来，该纪念馆深入开展多种形式科普宣传教育，聘请知名专家学者80多人为顾问，研究防震减灾等社会教育课题；主动策划并组织社会公众参加专题讲座、在线网课和科普大赛等防震减灾教育活动340余次，接受教育的人数达到270余万人次，纪念馆的地震和应急教育培训已逐渐形成品牌。

同时，展会也逐步成为应急科普的重要载体和渠道。如在2019年第二届中国（深圳）国际应急产业博览会期间，成功策划组织防灾减灾安全文化科普小课堂，1000多平方米的安全馆体验区，具备各种先进救援产品装备可以亲身体验，提升了全民安全意识，推广了应急文化。

## 四、书写全民应急科普新篇章

应急管理事业的现代化，首先是人的意识现代化，而应急科普的核心，则是增强全员的应急意识、应急知识和应急能力。相信科学、掌握科学、利用科学，需要依靠应急科普宣教。

纵观近年来全国应急管理科普宣教工作，虽然全国各地因地制宜、各展所长，推动应急管理科普宣教主题更加突出、产品更加丰富、能力大幅提升，取得了明显成效，但仍然存在一些薄弱环节，主要表现为：应急科普基地缺乏规范化管理，应急科普专业人才欠缺、职称发展通道受束缚，应急科普共建共享机制没有形成、应急科普精品较少，等等。

破解以上问题刻不容缓。各级有关部门必须有的放矢，全面加强全民应急文化素质建设与应急科普教育，努力构建具有可操作性、指导性的中国应急科普服务和产品体系。

### 1. 打造权威高效的应急科普平台

开展顶层设计、完善相关规章制度，建立政府—专家—媒体协作机制，打造权威高效的应急科普平台。在各级政府的应急管理预案中补充应急科普工作预案，将应急科普工作纳入政府相关考核范畴，不断推动地方各级政府建立突发事件应急科普预案和联动机制，维护突发事件后的社会和谐稳定，统筹安全与发展。

### 2. 组建应急科普智库

加强应急科普理论研究与实践，遴选各地、各领域相关科普专家组建专家库。突发事件应急响应时，应急科普智库专家可以有效开展科普研究、应急宣传、舆情引导、科学辟谣等工作。

### 3. 繁荣应急科普创作

充分依托中国科普作家协会应急科普专委会，发挥市场机制，动员社会参与，研发、推广相关科普产品，让科普更有生命力。做好相关的应急科普服务以及评估工作，推动新技术为科普内容创作提供技术支撑，同时，应充分调动应急科普从业人员积极性，设置相关的课题、奖励以及职称制度，促进其专业发展，壮大人才队伍。

### 4. 推进应急科普标准化工作

我国正在加强应急科普服务和产品标准化的建设工作，国际标准化组织和发达国家已经进行的应急标准化工作具有一定的借鉴和参考意义。建议定期发布应急科普标准制修订计划，设立应急科普标准化专项；研制服务、产品、基地、人员能力等内容的国家标准、行业标准、地方标准、团体标准、企业标准。开展公共安全与应急科普内容大纲研发，不断完善公共安全应急标准体系；推进应急科普供给侧结构性改革，发挥标准的前瞻引领作用；适时出台新时代加强应急科普工作的若干意见草案，推进应急科普工作，为标准化体系建设提供政策指导。

# 如何评价应急科普工作成效

## 一、问题的提出

应急科普工作是一项至关重要的任务，它旨在在突发事件或紧急情况下，通过普及和传播科学知识，帮助公众了解事件真相、应对措施和防护方法。如何评价应急科普的成效？在评价应急科普工作效果时，可以考虑应急科普作品与传播的时、效、度等方面，从以下几个方面进行探索。

首先，传播信息的准确性和及时性是评价应急科普工作效果的首要因素。在紧急状况下，公众最需要了解的是事件的真相和应对方法。因此，应急科普工作应迅速、准确地传递有用的信息，帮助公众了解情况并做出正确的决策。如果信息内容不准确或传递不及时，很可能会误导公众，引发社会混乱。

其次，公众参与度和反馈对于评价应急科普工作效果具有重要意义。应急科普工作的效果需要通过公众的参与和反馈来评估。如果公众对科普活动或科普产品不感兴趣或缺乏积极参与，那么应急科普工作的效果将大打折扣。因此，需要积极收集公众的反馈意见，了解他们的需求和关注点，以便不断改进科普内容和方式。

---

本文作者张英，刘友强、周圆（北京市应急管理科技研究院），2024年发表于《中国减灾》，有删减。

此外，科普活动的多样性和创新性是吸引更多受众和激发他们兴趣的关键因素。为了提高应急科普工作的效果，可以通过多种形式进行科普，如网络直播、短视频、社交媒体等，使公众更便捷地获取信息。同时，针对不同受众的需求和特点，制定个性化的科普方案，将有助于提高科普效果。

应急科普工作的社会影响力也是评价其效果的重要方面。应急科普工作不仅是为了传递科学知识，还承担着稳定社会情绪、提高公众应对能力的使命。因此，评价应急科普工作的效果需要考虑其社会影响力。如果应急科普工作能够引起社会的广泛关注和讨论，促进公众科学素养和应对能力的提高，那么就可以认为应急科普工作取得了较好的效果。

最后，应急科普工作的可持续性和长期效益也是评价其效果的重要因素。应急科普工作不是一蹴而就的，需要长期的投入和坚持。因此，评价应急科普工作的效果需要考虑其可持续性和长期效益。如果应急科普工作只是短暂的、一次性的活动，那么它的效果就会受到限制。为了实现长期效益，应急科普工作需要不断总结经验教训，完善工作机制和方法，加强与其他相关部门的合作和协调。

总之，评价应急科普工作的效果需要考虑多个方面和因素，包括传播信息的准确性和及时性、公众参与度和反馈、科普活动的多样性和创新性、应急科普工作的社会影响力和可持续性等。只有通过全面的评价，才能更好地了解和改进应急科普工作，提高其效果和质量。

为了评估应急科普工作的成效，我们提出几个思路，抛砖引玉。

## 二、利用公民科学素质测评来评估

公民科学素质测评是一种评估公众对科学知识和技能掌握程度的方法，常用于评价应急科普工作的效果。为了有效评估应急科普工作的效果和质量，需要设计科学、实施公正、分析客观的测评方案和流程。这需要深入研究如何完善设计问卷、选择具有代表性的样本、开展详尽的调查分析等工作，以确保所得结果的准确性和可靠性，从而为改进和完善应急科普工作提供有力的支持和指导。在这个过程中，公民科学素质测评将发挥重要作用，为应急科普工作的效果和质量提供全面的评价依据。

在制定测评方案时，需要充分考虑应急科普工作的特点和目标，确定合理的测评指标和标准。例如，可以关注应急科普内容的传播范围、公众的接受程度、实际应用情况等因素，以衡量应急科普工作的效果。同时，为了确保测评的公正性，需要制定详细的实施计划，包括选取样本的标准、调查问卷的设计、数据采集和分析的方法等。

在实施测评过程中，需要严格按照计划进行，确保各项工作的规范性和准确性。对于样本的选择，需要充分考虑其代表性和多样性，以反映不同人群对应急科普工作的认知和需求。对于调查问卷的设计，需要精心设计问题，以获取详尽的信息和数据。此外，还需要采用科学的分析方法，将收集到的数据转化为有用的信息，以评估应急科普工作的效果和质量。

在完成测评后，需要根据分析结果提出改进和完善应急科普工作的建议和措施。例如，对于传播范围有限的问题，可以加大宣传力度，提高公众的知晓率；对于公众接受程度低的问题，可以优化科普内容，使其更符合公众的需求和口味；对于实际应用情况不佳的问题，可以加强与实际应用的联系，提高应急科普工作的实用性和针对性。

总之，通过科学设计和实施公民科学素质测评，可以对应急科普工作进行全面、客观、准确的评估，为改进和完善应急科普工作提供有力的支持和指导。同时，这也需要相关领域的专家学者进行深入研究和探讨，共同推动应急科普工作的进步和发展。

## 三、利用科普产品供给和投入来评估

利用应急科普产品供给和财政投入来评估应急科普工作成效，可以从以下几个方面入手：

首先，我们需要关注应急科普产品供给的多样性和针对性。具有多样性和针对性的应急科普产品可以更好地满足不同受众的需求，提高应急科普工作的覆盖面和影响力。例如，针对不同年龄段、职业背景和文化水平的受众，可以提供不同形式和内容的应急科普产品，如图文、视频、音频、在线课程等，以增强应急科普工作的针对性和效果。

其次，我们需要评估应急科普财政投入的合理性和有效性。财政投入是保障应急科普工作顺利开展的重要条件，因此我们需要关注投入的资金规模、使用方向和效益等。合理的财政投入可以支持应急科普产品的研发、生产和传播，提高应急科普工作的质量和效果。同时，我们还需要关注财政投入的效益，确保资金使用的合理性和有效性。

第三，我们需要考察应急科普产品供给与财政投入的匹配度。这包括产品供给与财政投入的方向、规模和效益等是否匹配。如果应急科普产品供给与财政投入不匹配，将会导致资源浪费或效益不佳。例如，如果财政投入过多地用于某一方面，而相应的产品供给却没有跟上，那么就会导致资源的浪费。因此，我们需要确保应急科普产品供给与财政投入的匹配度，以实现资源的优化配置和效益的最大化。

最后，我们需要关注应急科普工作的社会影响力和反馈。如果应急科普工作能够引起社会的广泛关注和讨论，促进公众科学素养和应对能力的提高，那么就可以认为应急科普工作取得了较好的效果。同时，我们还需要收集公众的反馈意见，了解他们对应急科普产品和财政投入的看法和建议，以不断改进和完善应急科普工作。例如，可以通过问卷调查、访谈等方式了解公众对应急科普工作的满意度和需求，以便及时调整工作方向和策略。

总之，利用应急科普产品供给和财政投入来评估应急科普工作成效需要考虑多个方面和因素。通过对应急科普产品供给的多样性、针对性以及财政投入的合理性、有效性等进行综合评估，同时考虑应急科普产品供给与财政投入的匹配度以及社会影响力和反馈等因素，我们可以全面了解应急科普工作的成效并采取有效措施进一步改进和完善工作。这将有助于提高公众的科学素养和应对能力，为社会的稳定和可持续发展作出贡献。

## 四、评价指标

综合以上，笔者提出一个指标体系，表 1 是一个简单的应急科普工作成效评价模型，包括五个一级指标和若干个二级指标。该模型旨在全面评估应急科普工作的效果，以便更好地优化和改进工作策略。

表1 应急科普工作成效评价模型

| 一级指标 | 二级指标 | 说明 |
| --- | --- | --- |
| 科普产品供给 | 多样性 | 评估应急科普产品是否针对不同受众进行了定制和多样化 |
| | 针对性 | 评估应急科普产品是否针对特定事件或受众需求进行设计 |
| | 更新速度 | 评估应急科普产品是否能快速适应事件变化和受众需求变化 |
| 财政投入 | 投入规模 | 评估政府或其他组织对应急科普工作的资金投入是否充足 |
| | 使用方向 | 评估财政投入是否用于关键领域和有需要的地方 |
| | 效益 | 评估财政投入所产生的效益，包括对应急科普工作的促进和公众科学素质的提升 |
| 产品与财政投入的匹配度 | 匹配度 | 评估应急科普产品供给与财政投入是否相匹配，包括规模、方向和效益等方面 |
| | 资金使用效率 | 评估财政投入在应急科普产品供给中的使用效率，包括资金节约和效益最大化等方面 |
| 社会影响力和反馈 | 社会关注度 | 评估应急科普工作在社会中的关注度和影响力 |
| | 公众参与度 | 评估公众对应急科普活动的参与程度和反馈意见 |
| | 工作改进建议 | 收集公众和其他相关方的反馈和建议，以不断改进和完善应急科普工作 |
| 公众应急科学素养指标 | 知识水平 | 通过测试或问卷调查等方式评估公众对应急科学知识的掌握程度 |
| | 信息辨识能力 | 评估公众在面对应急情况时，对信息的判断和筛选能力 |
| | 应对技能 | 评估公众在面对应急情况时，采取的正确应对方法和技能水平 |
| | 科学态度和意识 | 评估公众对科学的态度和意识，包括对科学的信任度、对科学方法的认同等 |

对于这个应急科普成效评价指标，可以根据具体应急科普工作的实际情况和需求，进一步细化和完善每个指标的具体内容和标准。例如，可以将"公众应急知识普及率"这个指标细化为"通过考试测试公众对应急知识的掌握程度""公众对应急知识的日常运用频率"等具体标准，以确保评

价结果的准确性和可靠性。同时，为了获取更加客观的评价结果，可以采用多种评价方法相结合的方式，如定量评价和定性评价相结合、自我评价和外部评价相结合等。

具体来说，定量评价可以通过统计调查、考试测试等方式获取数据，进而对应急科普工作的成效进行量化和分析；而定性评价则可以通过实地调查、专家评估等方式获取信息，对应急科普工作的成效进行更为深入和全面的了解。自我评价和外部评价相结合的方式则可以更加全面地了解应急科普工作的成效，既包括内部自我评估，也包括外部专家、社会公众等各方面的评价。

此外，为了提高评价的准确性和可靠性，还可以采用随机抽样、加权平均等方法进行处理和分析。总之，通过多种方法和手段的结合，可以更加客观、准确地评估应急科普工作的成效，为今后的工作提供有益的参考和借鉴。

# 公众需要什么样的应急科普

## 一、调查背景

突发事件分为自然灾害、事故灾难、公共卫生事件及社会安全四大类。应急管理理应是对重大灾害、事故的全过程管理，贯穿于灾害、事故发生前、中、后的动态的过程。防灾减灾需要不断实现关口前移，而应急科普是重要的手段和途径之一，这样方能与工程、科技、政策等措施一道全面提升全社会抵御自然灾害的综合防范能力。我国是世界上自然灾害种类最多的国家，灾害种类多样、发生频次高、造成损失重。近年来，公众防灾素养不断提升。一方面，应急科普宣传教育可以不断提升公众防灾素养，培育安全文化，构建安全安心社会；另一方面，公众防灾素养提升后，更加容易理解、支持应急管理工作。近年来，公众防灾素养不断提升，社会参与参与社会氛围逐渐形成。

为推进应急科普理论研究与实践，了解公众对应急科普的需求，我们

---

本作者张英、袁丽慧、董成文（应急管理部宣传教育中心），为中国科普研究所委托项目"应急科普服务和产品标准化研究"（项目编号：210103EZR058）的研究成果，2022年发表于《现代职业安全》。

开展了相关问卷调查，根据拉斯韦尔 5W 传播模式基本构成要素：谁（Who），说了什么（Says what），通过什么渠道（In Which Channel），对谁说（To Whom），取得了什么效果（With What Effect）。调查问卷关注应急科普实施主体、内容渠道以及受众的满意度评价。借此来了解应急科普开展及效果的基本概况。此次网络调查共获取到 344 份样本，主要题型为单选题、多选题和填空题，分析如下。

**1. 应急科普的主要实施主体为政府及相关事业单位**

表 1 从响应率和普及率两个指标反映了本次调查 Q1（您认为应急科普的主要实施主体应该是？[多选题]）的结果，图 1 进一步计算了累计响应率，绘制了帕累托图。结果显示，应急科普的主要实施主体为政府（相关事业单位），社区/企业/学校等，相关专业学会、协会、媒体。

表 1　Q1 的响应率和普及率

| 主体 | 响应 $n$ | 响应率 | 普及率（$N=344$） |
|---|---|---|---|
| 政府（相关事业单位） | 288 | 31.17% | 83.72% |
| 相关专业学会、协会 | 218 | 23.59% | 63.37% |
| 社区/企业/学校等 | 224 | 24.24% | 65.12% |
| 媒体 | 181 | 19.59% | 52.62% |
| 其他 | 13 | 1.41% | 3.78% |
| 汇总 | 924 | 100% | 268.61% |

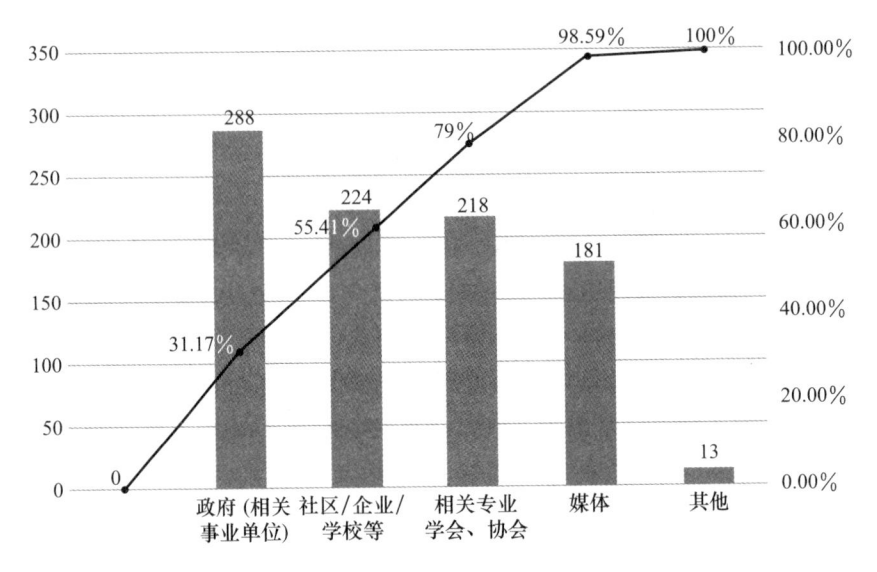

图1　Q1的帕累托图

**2. 超过90%的受调查者获取或关注过应急科普知识**

调查Q2（您是否获取/关注过应急科普知识？[单选题]）的结果如图2显示，超过90%的人获取或关注过应急科普知识。国家需要统筹安全与发

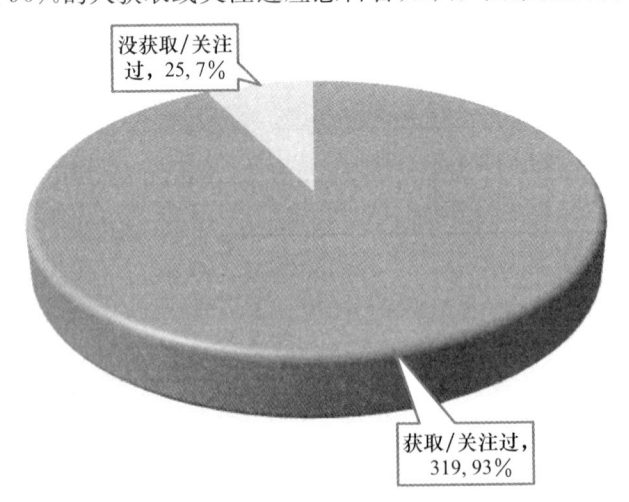

图2　Q2的扇形分布图

展，无论从国家需求还是政策层面，无论群众基础还是个体层面，不难理解安全是健康生活的前提。马斯洛需求层次理论指出，人类需求像阶梯一样从低到高按层次分为五种，分别是：生理需求、安全需求、社交需求、尊重需求和自我实现需求，安全需求在其中占据重要位置。

### 3. 应急科普的主要渠道

由于 Q2 中有 25 人未曾获取/关注过，因此跳转到 Q4，因此本题（Q3 您是通过什么途径获取/关注应急科普知识的？[多选题]）共有 319 份样本。表 2 从响应率和普及率两个指标反映了本次调查 Q3 的结果，图 3 在进一步计算累计响应率的基础上，绘制了帕累托图。结合 2/8 原则可以从分析结果看出，获取或者关注的途径主要是：微信、网站、新闻资讯类 APP、科普场馆、电视、期刊报纸等。

表 2　Q3 的响应率和普及率

| 主体 | 响应 $n$ | 响应率 | 普及率（$N=319$） |
|---|---|---|---|
| 微博 | 108 | 7.81% | 33.86% |
| 微信 | 265 | 19.16% | 83.07% |
| 网站 | 214 | 15.47% | 67.08% |
| 新闻资讯类 APP | 180 | 13.02% | 56.43% |
| 科普场馆 | 167 | 12.08% | 52.35% |
| 社区/公司/学校 | 118 | 8.53% | 36.99% |
| 电视 | 167 | 12.08% | 52.35% |
| 期刊、报纸等 | 144 | 10.41% | 45.14% |
| 其他 | 20 | 1.45% | 6.27% |
| 汇总 | 1383 | 100% | 433.54% |

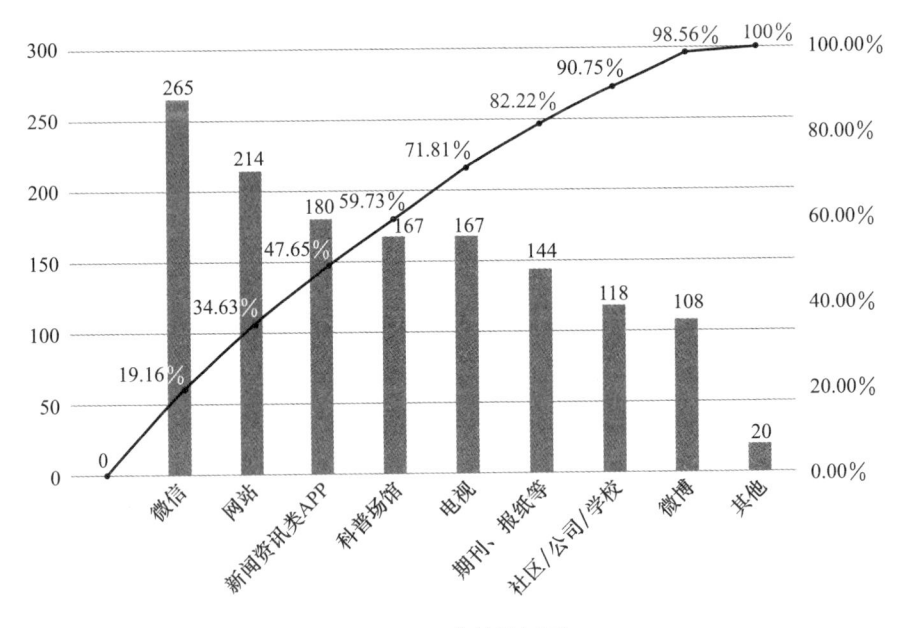

图3 Q3的帕累托图

### 4. 公众最喜欢的应急科普途径

表3从响应率和普及率两个指标反映了本次调查Q4（Q4. 您最希望通过什么途径获取/关注应急科普知识？［多选题］）的结果，图4进一步计算了累计响应率，绘制了帕累托图。基于2/8原则，结合分析结果可以看出，公众最希望的信息获取或关注途径主要是：微信、新闻资讯类APP、网站、科普场馆、电视、社区/公司/学校。

表3 Q4的响应率和普及率

| 主体 | 响应 |  | 普及率（N=344） |
|---|---|---|---|
|  | n | 响应率 |  |
| 微博 | 105 | 07.15% | 30.52% |
| 微信 | 283 | 19.26% | 82.27% |
| 网站 | 193 | 13.14% | 56.10% |
| 新闻资讯类APP | 197 | 13.41% | 57.27% |

续表

| 主体 | 响应 n | 响应率 | 普及率（N=344） |
|---|---|---|---|
| 科普场馆 | 189 | 12.87% | 54.94% |
| 社区/公司/学校 | 171 | 11.64% | 49.71% |
| 电视 | 182 | 12.39% | 52.91% |
| 期刊、报纸等 | 134 | 9.12% | 38.95% |
| 其他 | 15 | 1.02% | 4.36% |
| 汇总 | 1469 | 100% | 427.03% |

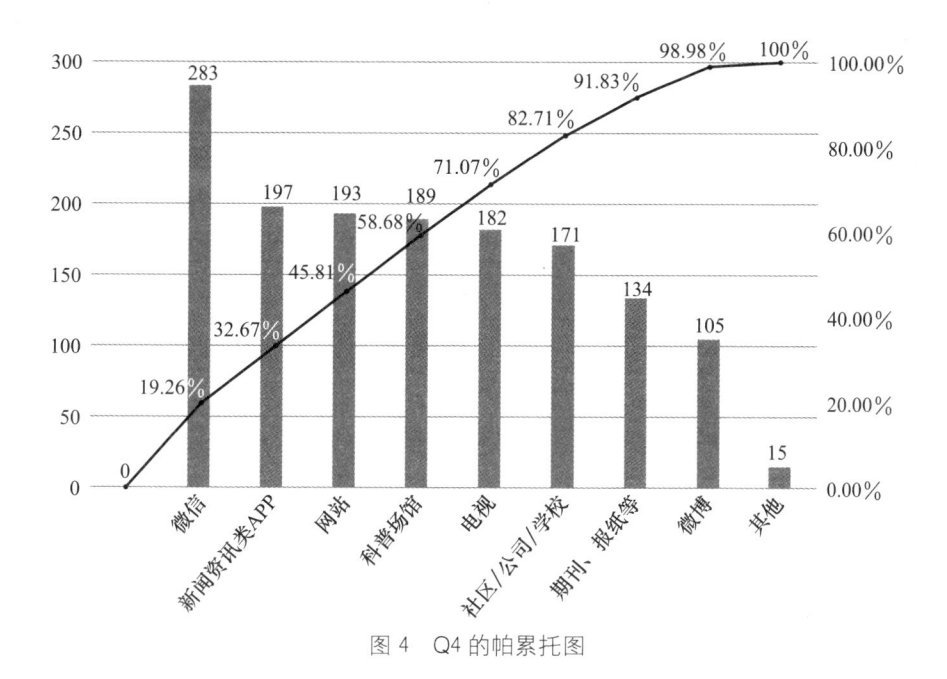

图 4　Q4 的帕累托图

## 5. 应急科普知识掌握程度的自我评价

被问及应急科普知识的掌握程度如何，图 5 显示，掌握程度为一般的人数最多，其次是熟练和很熟练，非常不熟练的人数最少。

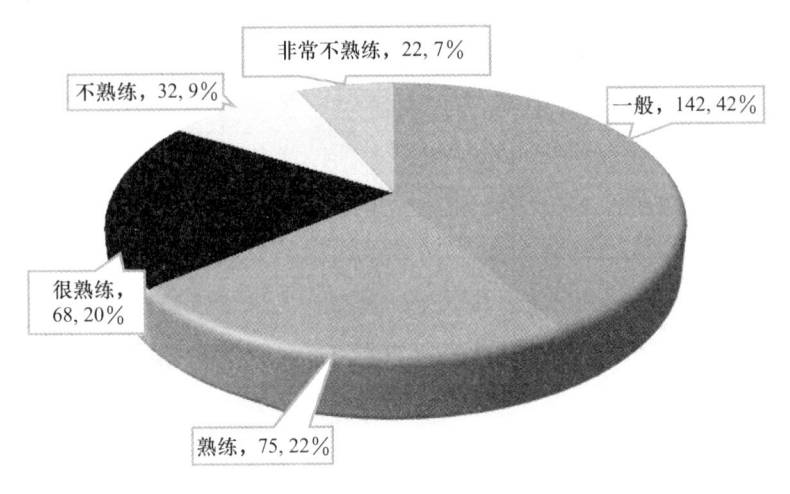

图 5　Q5 的扇形分布图

### 6. 公众最喜欢学习的知识类型

表 4 从响应率和普及率两个指标反映了本次调查 Q6（您希望从应急科普中得到哪种类型的知识？[多选题]）的结果，图 6 进一步计算了累计响应率，绘制了帕累托图。结果显示，公众希望获得的主要知识是自救互救等应对方法、相关科学思想与方法、基本概念和原理。

表 4　Q6 的响应率和普及率

| 主体 | 响应 $n$ | 响应率 | 普及率（$N=344$） |
|---|---|---|---|
| 基本概念和原理 | 209 | 21.30% | 60.76% |
| 自救互救等应对方法 | 333 | 33.94% | 96.80% |
| 相关政策法规 | 209 | 21.30% | 60.76% |
| 相关科学思想与方法 | 230 | 23.45% | 66.86% |
| 汇总 | 981 | 100% | 285.17% |

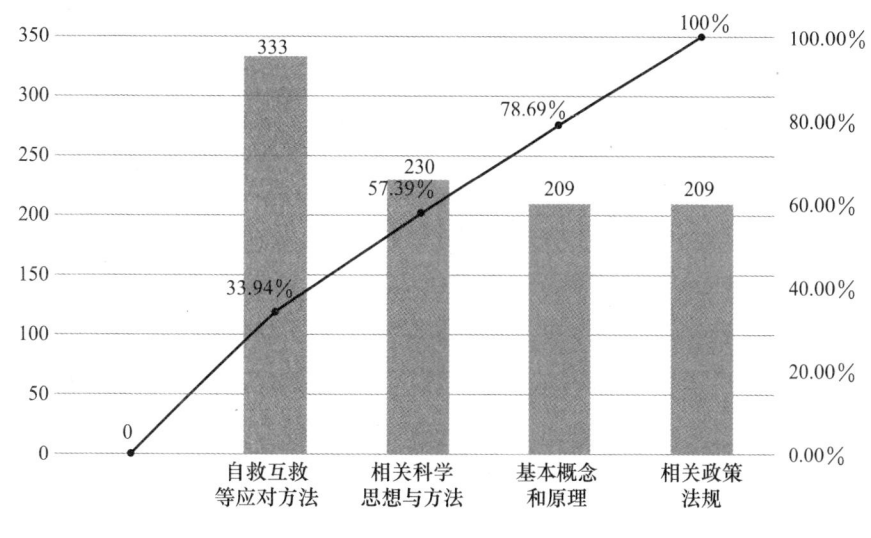

图 6　Q6 的帕累托图

### 7. 公众喜欢哪种形式的应急科普产品

表 5 从响应率和普及率两个指标反映了本次调查 Q7（您比较喜欢哪种形式的应急科普产品？[多选题]）的结果，图 7 进一步计算了累计响应率，绘制了帕累托图。结果显示，比较受欢迎的应急科普产品主要有：短视频和图文。

表 5　Q7 的响应率和普及率

| 主体 | 响应 $n$ | 响应率 | 普及率（$N=344$） |
| --- | --- | --- | --- |
| 纯文字 | 72 | 9.77% | 20.93% |
| 图文 | 292 | 39.62% | 84.88% |
| 短视频 | 315 | 42.74% | 91.57% |
| 长视频 | 58 | 7.87% | 16.86% |
| 汇总 | 737 | 100% | 214.24% |

图 7　Q7 的帕累托图

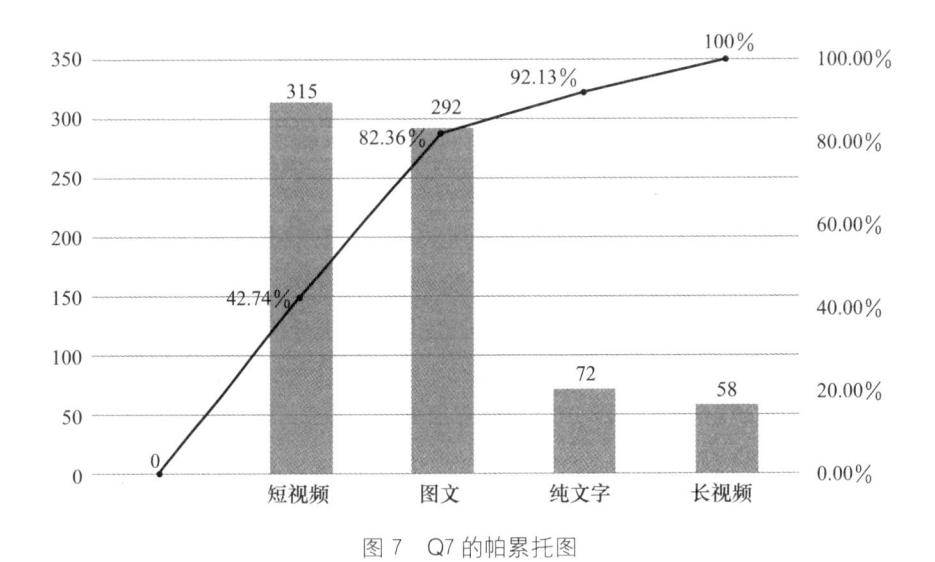

## 8. 网络媒体中科普知识的可信度

被问及目前网络媒体中的科普知识的可信度如何？图 8 显示，认为网络媒体中的科普知识的可信度一般的人数最多，其次是高、非常高，而"非常低"最少。

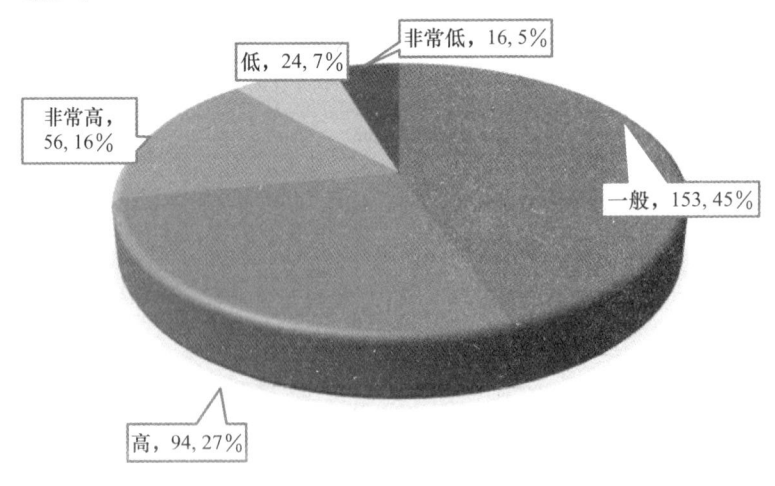

图 8　Q8 的扇形分布图

### 9. 当前应急科普尚不能完全满足公众需求

被问及当前应急科普是否满足您的需求？图 9 显示，认为当前应急科普对个人需求的满足程度为"一般"的最多，其后依次是不满足、满足、非常满足和非常不满足。可见，应急科普工作还有进步空间。

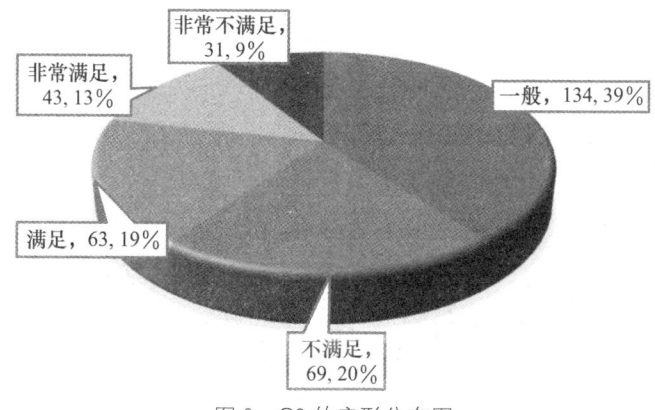

图 9　Q9 的扇形分布图

### 10. 应急科普的价值

被问及当前应急科普对您是否有帮助？图 10 显示，认为当前科普"有帮助"的人最多，其后依次为一般、非常有帮助、不太有帮助和非常没帮助。我们也可以借此来分析应急科普的价值。

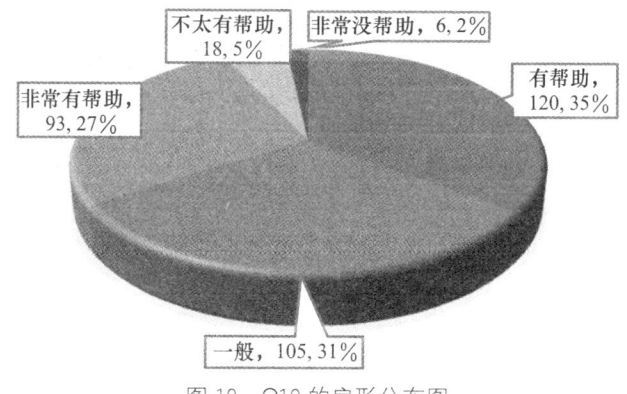

图 10　Q10 的扇形分布图

### 11. 应急科普的满意度

被问及对当前应急科普工作的满意度？图 11 显示，认为当前应急工作的满意度"一般"的最多，其次是满意、很满意，而"很不满意"最少。

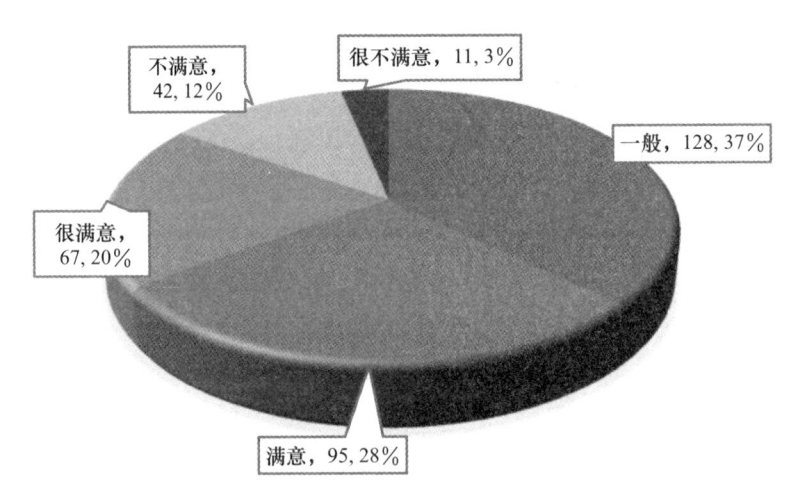

图 11　Q11 的扇形分布图

### 12. 个人信息分析

图 12 显示，本次调查获得样本中，男性样本居多。

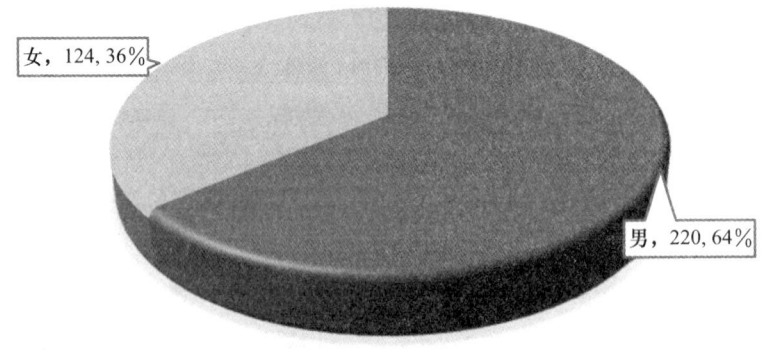

图 12　性别扇形分布图

图 13 显示，本次调查获得样本中，年龄段分布最多的是"40 岁及以上"，其次是"30～34 岁""35～39 岁""25～29 岁"，而 25 岁以下的样本很少。

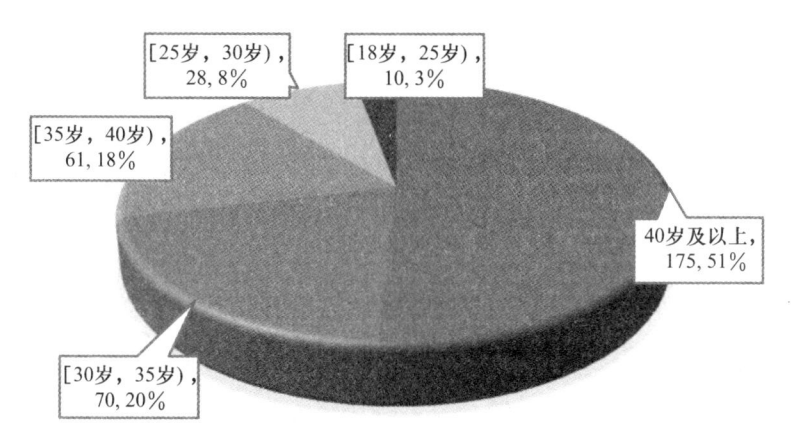

图 13　年龄的扇形分布图

图 14 显示，本次调查获得样本中，"大学本科"最多，其次是"硕士及以上""大专""高中/中专"，最后是"初中及以下"，且其占比相对而言很低。

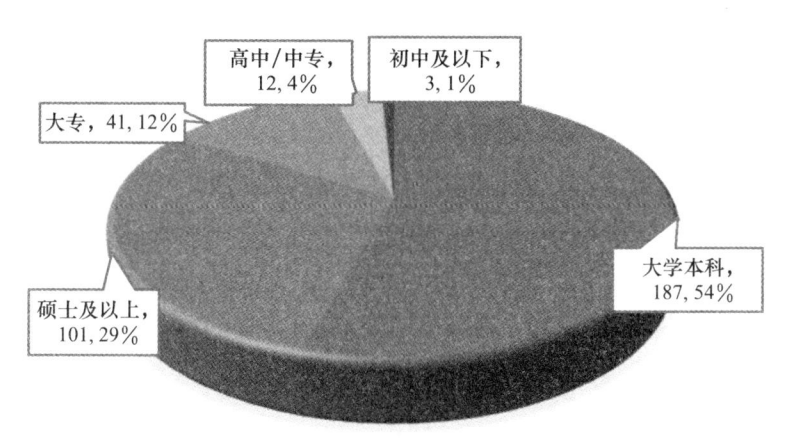

图 14　学历的扇形分布图

## 二、存在问题及建议

公众认为当前应急科普存在的最主要问题有哪些呢？对填空题所获得的回答情况进行分析，绘制出了词云图，可以看出：受访者认为当前应急科普存在的最主要的问题是"针对性不强""宣传不够""不全面"等。

根据调研与理论分析，我们认为应急科普存在如下问题：一是缺乏公共安全与应急科普内容标准。很多科普内容说法五花八门甚至自相矛盾，地方和相关单位开展相关活动经常反映缺乏依据。应急科普内容体系尚未构建，参考资料较少、不成体系且内容复杂。二是应急科普平台需要建设。通过构建专家智库，建设应急科普共享云平台、组建专家委员会等措施，解决资源共享等问题。三是应急科普工作缺乏顶层设计。从政策层面不难看出，目前尚未发布相关"规划""加强应急科普工作的意见""应急科普基地建设与发展办法"，相关部门应该大力推动。

通过调查与理论分析我们提出建议如下：首先，应急科普与安全文化是应急科普宣教工作的"两翼"，应该不断加强应急科普研究工作，政策研究可以提供新鲜思想与血液，这是保证应急科普工作持续发展的基础。目前亟须开展应急科普内容大纲研发，正本清源，解决应急科普的元科普问题。出台加强应急科普研究工作草案，推进精品科普作品、规范应急科普活动，推进应急科普标准化工作。其次，选择和支持有条件的地区和单位开展应急科普示范试点工作，及时总结和推介好经验、好做法，发挥示范引领作用。最后，关注落后地区、弱势群体，加大农村地区应急科普经费投入，用好科技、科协系统的科普传播平台，建立健全农村应急科普传播渠道。开展精准科普，着力解决农村等地区公众应急科普服务不足等问题，助力乡村振兴。

## 应急科普，迎"难"而上

突发事件，是指突然发生，造成或者可能造成严重社会危害，需要采取应急处置措施予以应对的自然灾害、事故灾难、公共卫生事件和社会安全事件。通过开展应急科普，不仅可以有效提高相关管理人员的应急管理能力，而且可以提高公众的应急科学素质与自救互救能力。突发事件应急科普可传达有效信息、满足公众需求；对舆论进行正确、规范的引导，进而缓解人们的恐慌情绪；宏观层面来说可以维持社会稳定等层面。

标题中的"难"，可以理解为困难：当前，应急科普研究与实践工作现状如何，存在什么样的问题，如何发展？现实的困境是什么？其中重要的一点需要关注的是：政府、专家、媒体三方沟通协调机制如何建立？专家如何一锤定音，快速、权威发声？消息审核流程也需要明确。

标题中的"难"，可以理解为灾难：一有突发事件，相关方应及时开展应急科普宣传，整合和调配相关资源，满足公众与社会关切，努力形成全民参与、平战结合、以防为主、防抗救相促进的生动局面。

本文作者张英，2022年发表于《中国减灾》。

## 一、突发事件应急科普的重要性

党和国家历来高度重视应急科普宣教工作。进一步加强突发事件应急科普宣教工作，对于提升全民科学素质以及公众应对突发事件的处置能力、心理素质和应急素养，引导公众实现主动防灾、科学避灾、有效减灾具有重要意义。科普在经济、教育、文化、社会和科学等方面都发挥重要作用，在推动社会和经济发展的过程中占据重要地位。应急管理科普作为科普工作重要组成部分，对普及全民防灾减灾知识，增强社会公众的防灾素养，推进传播能力建设，提高国家应急安全软实力具有重大意义。

当前，突发事件频见报端，为了加强公民应急科学素养，坚持人民至上、生命至上，不断推进应急科普工作，应急科普产品和服务标准化工作成为当务之急。2021年10月，中共中央、国务院印发了《国家标准化发展纲要》指出：标准是经济活动和社会发展的技术支撑，是国家基础性制度的重要方面，标准化在推进国家治理体系和治理能力现代化中发挥着基础性、引领性作用；要加快推进重大疫情防控救治、国家应急救援等领域标准建设，抓紧完善国家重大安全风险应急保障标准，构建多部门多区域多系统快速联动、统一高效的公共安全标准化协同机制，推进重大标准制定实施。我们可以认为：应急科普标准化不仅关系我国科普工作可持续发展，而且应急科普标准化工作是应急科普供给侧结构性改革的推进器。同时，2022年3月全国科普工作联席会议上指出，新时代，要着重提升科普工作应急服务能力，推动建立应急科普机制，储备和传播优质应急科普内容资源，针对社会热点和突发事件，及时做好政策解读、知识普及和舆情引导等工作。

突发事件具有突发性与紧急性、破坏性、不确定性等特征，一般来说，公众比较缺乏思想准备与相关应急知识。当突发事件发生时，各种舆论层出不穷，此种情况下，应及时开展突发应急科普传递积极、正确的信息，有效开展舆论引导，这不仅可以有效缓解人们的恐慌情绪，还可以铲除谣言产生的土壤和中断其传播。除此之外，应急科普所提供的科普信息在关键时段不仅可以提升公众科学素质，还可以保护人民生命财产健康安全，维持社会和谐稳定。

## 二、围绕服务公众需求开展应急科普

本部分内容参见《公众需要什么样的应急科普》一文中"调查背景"部分，内容略。

## 三、如何推进应急科普工作？

应急管理理应是对重大灾害、事故的全过程管理，贯穿于灾害、事故发生前、中、后的动态的过程。理应不断落实"坚持以防为主、防抗救相结合，坚持常态减灾和非常态救灾相统一，努力实现从注重灾后救助向注重灾前预防转变，从应对单一灾种向综合减灾转变，从减少灾害损失向减轻灾害风险转变"的要求。防灾减灾需要不断实现关口前移，而应急科普是重要的手段和途径之一，这样方能与工程、科技、政策等措施一道，全面提升全社会抵御自然灾害的综合防范能力。

新时代构建具有国际观瞻、本土情怀，具有可操作性、指导性的中国应急科普服务和产品体系的需求日益迫切，在突发事件应对时段的应急科普，除了及时准确之外，应关注应急科普的内容选择：突发事件发生后应急科普主要关注应急技能提升，如新冠肺炎的预防措施"勤洗手、戴口罩、多通风、少聚集、打疫苗"；又如突发事件后，如何保护自身？地震灾害发生之后是否有余震的科普，灾害发生如何避免疫情、次生灾害的发生等。在此提出一些意见建议，以抛砖引玉。

### 1. 打造权威高效的应急科普平台

开展顶层设计、完善相关规章制度。建立政府－专家－媒体协作机制，打造权威高效的应急科普平台。在各级政府的应急管理预案中补充应急科普工作预案，将应急科普工作纳入政府相关考核范畴，不断推动地方各级政府建立突发事件应急科普预案和联动机制，维护突发事件后的社会和谐稳定，统筹安全与发展。

### 2. 组建应急科普智库

加强应急科普理论研究与实践，应急管理部宣传教育中心与中国科普研究所秉承"汇智聚力、协同创新"的原则，致力于提高应急科普能力与水平，开展了"应急科普智库"平台建设。遴选各地、各领域相关科普专家组建专家库。突发事件应急响应时，应急科普智库专家可以有效开展科普研究、应急宣传、舆情引导、科学辟谣等工作。

### 3. 繁荣应急科普创作

充分依托中国科普作家协会应急科普专委会，发挥市场机制，动员社会参与，研发、推广相关科普产品，让科普更有生命力。做好相关的应急科普服务以及评估工作；做好新技术充当科普内容创作的技术支撑，同时，应充分调动应急科普从业人员积极性，设置相关的课题、奖励以及职称制度，促进其专业发展，壮大人才队伍。

### 4. 推进应急科普标准化工作

我国正在加强应急科普服务和产品标准化的建设工作，国际标准化组织和发达国家已经进行的应急标准化工作具有一定的借鉴和参考意义。建议定期发布应急科普标准制修订计划，设立应急科普标准化专项。研制服务、产品、基地、人员能力等内容的国家标准、行业标准、地方标准、团体标准、企业标准和标准性文件。开展公共安全与应急科普内容大纲研发，不断完善公共安全应急标准体系，推进应急科普供给侧结构性改革，发挥标准的前瞻作用和引领作用，适时出台新时代加强应急科普工作的若干意见草案，推进应急科普工作，为标准化体系建设提供政策指导。

## 应急科普与元科普

2019年，由中国科协、卫生健康委、应急管理部和市场监管总局等部委主办，中央网信办指导，全国学会、权威媒体、社会机构和科技工作者共同打造的"科学辟谣平台"在京正式启动。该平台旨在切实提高辟谣信息的传播力、引导力、影响力，让谣言止于智者，让科学跑赢谣言。笔者有幸受聘为科学辟谣平台特聘专家。在日常工作中，经常也听到一些基层科普从业人员的困惑，拿不准很多知识，比如说地震来了究竟应该怎么办？汶川地震后，民众的期盼加之媒体从业人员的推波助澜，所谓的生命三角理论大肆传播，后来经过广大地震科普工作者的努力，"震时就近躲避、震后快速疏散""伏地、掩护、手抓牢"成为行业内外普遍认可的避震规范。当然，民众需要因时、因地、因人制宜，选择合适的应急避险方法，最重要的是形成科学思维能力。

实际工作中，笔者系统分析了地震谣言的产生、传播特点及识别方法，九寨沟地震后，也开展了相关访谈辟谣工作、为其他辟谣工作所借鉴。值得一提的是，工作较为关注安全议题，"先关气阀还是先灭火"也成了年度辟谣工作关注的焦点。同时，应急领域相关的一些科普基地科普内容存在一些错误，比如说"体验八级地震"，这应该是烈度标准……这些

---

本文作者张英，2022年发表于《防灾博览》。

案例告诉我们,应急科普需要正本清源,应急科普知识中的应急避险方法虽然不能放之四海而皆准、不能教条,但是告诉公众什么样的知识需要认真加以梳理,应该重视应急领域中的元科普创作与传播,构建应急科普体系。

## 一、突发事件与应急科普

突发事件,是指突然发生,造成或者可能造成严重社会危害,需要采取应急处置措施予以应对的自然灾害、事故灾难、公共卫生事件和社会安全事件,其是影响人民生命财产安全、社会和谐发展的主要问题之一。

2018年3月,中华人民共和国应急管理部成立。这是我国应急管理事业一个新的里程碑,也对我国应急管理事业的发展提出了新的要求。应急科普作为应急管理事业不可分割的重要部分,对应急管理事业的发展有积极作用。党和国家历来高度重视应急科普宣教工作。2020年,国务院安委会办公室、应急管理部发布了《推进安全宣传五进工作实施方案》,中国科协、中央宣传部、科技部、国家卫生健康委、应急管理部5部委发布《关于进一步加强突发事件应急科普宣教工作的意见》,应急科普宣教工作的基本原则是政府主导、社会参与。坚持各级政府的工作主导地位,发挥主体作用、承担主体责任,根据实际情况及时处理并统筹开展应急科普宣教工作。不少专家学者提出:要真正做好应急科普,做到平战结合,就要把科普纳入应急管理体系。把科普作为应急管理的组成部分,才能使各级应急管理部门把科普列入议事日程,也才能使科普部门把应急作为重要的工作内容。

目前,学术界对应急科普的概念还未形成统一观点,可以分为两大类:突发事件应急科普和应急领域科普。不同学者开展了内涵分析:杨家英和王明(2020)指出,应急科普要从两个方面来进行理解:一方面是针对已发生的公共突发事件进行的各种应急性科普服务,另一方面是针对容易发生的公共突发事件开展的常规性预防科普教育。张英(2020)从灾前应急知识的科普、突发事件应对时段的科普、灾后安全与减灾的科普这几个层次来理解应急科普的内涵。郑念等(2020)指出:应急科普需有前瞻性预防和评估的专业知识，需要对任何意外和风险进行提前预判和评估，并向社会科普舆情信息，提醒与指导社会各界做好危机防范，落实所有各项准备和保护工作，最大程度地降低风险和损害。虽然各个学者说法不一，但其中都蕴含一个核心要义，即对应急知识的宣传普及（覃涛等，2021）。研究者认为，应急科普就是将关于突发性事件的事前预防、事发应对、事后处置等方面的应急领域科学知识、技能通过科普宣传教育向社会公众普及，以提高公众应对突发性事件的能力，从而保障人民群众生命财产安全，维护社会稳定。

## 二、元科普

2017 年，卞毓麟提出了"元科普"的概念，之后又进一步对元科普作了阐释：即指工作在某个科研领域第一线的领军人物（或团队）生产的科普作品，它的特点是对本领域科学前沿的清晰阐释；对知识由来的系统梳理；对该领域未来发展的理性展望；以及科学家亲身沉浸其中的独特感悟。《现代汉语词典》对"元"字的主要释义也是"开始的、第一""为首的、居首的""主要、根本"。把"元"字用到科普上："元科普"就是科普中的元典之作，应急领域的元科普可以理解为应急领域科普领军人才的系统性思考、顶层设计与原创性成果，是应急科普知识元的汇集。

近年来，随着经济社会不断发展，网络传播的便捷性等影响，突发事件引发了社会各界的极大的关注与关切，引发了一些网络舆情事件，导致这一现象的原因，一方面是由于公众整体科学素质的水平不高，缺乏识别谣言的知识、盲目跟从，无法有效识别谣言与风险；另外一方面，有关宣教机构、新闻媒体在开展应急科普、舆情监测、辟谣等方面工作响应不及时。

统筹安全和发展，需要把安全发展贯穿于国家发展各领域和全过程。聚焦到应急管理系统，开展应急科普，加强应急科普领域中的"元科普"研究至关重要，这是面向未来应急科普高质量发展的重要课题。值得欣慰的是，2021 年，应急管理部宣教中心与中国科普研究所达成深化合作意向，将进一步加强资源共享，实现优势互补，形成工作合力。双方将充分发挥各自在应急科普宣教和科普理论与政策研究领域的资源优势，汇智聚力、协同创新，在应急科普智库建设、应急科普智库产品研究、应急科普资源和平台建设等方面开展深度合作，共同提高应急安全科普宣传能力与水平，促进应急管理科普事业长远发展。

## 三、对策与建议

安全与发展至关重要，应急科普方兴未艾。我国是世界上自然灾害种类最多的国家，灾害种类多样、发生频次高、造成损失重。近年来，公众防灾素养不断提升。一方面，应急科普宣传教育可以不断提升公众防灾素养，培育安全文化，构建安全安心社会；另一方面，公众防灾素养提升后，更加容易理解、支持应急管理工作。近年来，公众防灾素养不断提升，社会参与参与社会氛围逐渐形成。新时代亟需构建具有国际观瞻、本土情怀，具有可操作性、指导性的中国应急科普体系。

毋庸讳言，应急科普理论与实践中存在一些问题：诸如缺乏元知识研究归纳，目前尚没有发布权威的应急科普内容纲要，"科普什么"的问题没有从根本上解决；加之，市场上已有的应急类科普材料五花八门、鱼龙混杂、缺乏精品，需要大力开展应急科普供给侧结构性改革；尤为缺乏原创产品"元科普"、有引领性的研究成果、院士专家科普等内容；当然应急安全、应急减灾、应急救援等科普内容也亟需整合，毕竟民众需要立体的、全方位的应急科普。鉴于研究与实践中存在的这些问题，笔者抛砖引玉，尝试提出一些基本的研究议题，以促进应急科普理论研究与实践，建议予以关注。

- 应急科普要点纲要研究及标准化研究；
- 推进应急科普基地和安全体验场馆顶层设计研究；
- 搭建应急科普平台、开展科普资源整合研究；
- 开展应急科普新媒体受众研究及传播规律研究；
- 公民应急科学素质检测研究；

- 编制应急科普手册；
- 开展新闻从业人员应急科普培训；
- 研究如何报道灾害等问题；
- 突发事件科学家如何发声？
- 突发事件应对舆情应对策略研究；
- 突发事件心理康复与科普研究。

# 第 2 篇

# 应急科普几大面向

# 应急科普标准体系建设研究

科普在经济、教育、文化和社会各领域都发挥着重要作用，在推动社会和经济发展的过程中占据重要地位。2021年10月，中共中央、国务院印发的《国家标准化发展纲要》中指出：要加快推进重大疫情防控救治、国家应急救援等领域标准建设。我们可以认为：应急科普标准化不仅关系我国应急科普工作可持续发展，而且是应急科普供给侧结构性改革的推进器。《全民科学素质行动规划纲要（2021—2035年）》首次将"强化标准建设"作为组织实施的重要条件保障之一，提出分级分类制定科普产品和服务标准。2022年3月全国科普工作联席会议上指出，新时代，要着重提升科普工作应急服务能力，推动建立应急科普机制。由此可见，应急科普作为科普工作重要组成部分，对普及全民防灾减灾知识，增强社会公众的防灾素养与应急科学素质，推进传播能力建设，提高国家应急安全软实力具有重大意义。

新时代构建具有国际视瞻、本土情怀，具有可操作性、指导性的中国应急科普服务和产品标准化体系的需求日益迫切。应急科普服务和产品标准化建设在科普工作领域中具有重要地位和作用，突出表现在以下三点：一是推进应急科普工作、提升公众科学素养；二是减少伤亡、维护社会和谐

---

本文作者张英、齐培潇、王丽慧（中国科普研究所），侯蓉英（应急管理大学（筹备）），2022年发表于《灾害学》。

稳定秩序；三是促进完善应急与科普标准化体系。但目前应急科普标准化工作与实际需求不相匹配适应，同时存在缺乏顶层设计、应急科普综合性标准几近空白等问题，开展应急科普服务和产品标准化研究和实践，对推进应急科普标准化工作具有重要意义。

## 一、应急科普服务和产品标准化现状与问题

国际标准化组织非常重视应急科普服务和产品标准化建设，在应急科普标准化建设方面开展了大量的工作。同时，应急领域相关标准作为各标准化组织的战略重点领域，各国应急标准化的机制较为成熟，修订频率较高。另外，各国对于应急科普服务和产品标准化的划分并不完全一致，发达国家结合各自的国情，形成了自身的特色。国际上此类标准以NFPA（美国防火委员会）较多，且多偏重公众教育维度。联合国相关机构以及日本、德国、澳大利亚等国也有丰富的实践经验，以科普内容的标准较多，类似我国课程标准。

据不完全统计，我国目前共有40个应急科普相关标准，涉及国家标准、行业标准、地方标准、团体标准和企业标准5类。如图1所示，不难看出，国内应急科普相关标准基本以科普委标准为主，同时以地方标准（山西、山东、河南等地）居多，地震、消防等行业标准较多。综合的应急科普标准基本处于空白，鉴于应急科普的重要意义，更可见研究的急迫性。

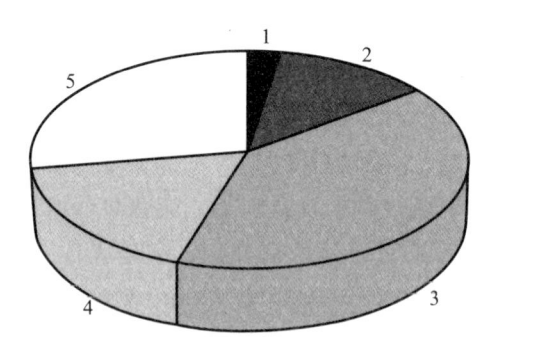

图1 应急科普相关标准组成分布

为了解公众需求，近期我们除开展了针对各地应急科普相关工作的调研和专家访谈外，还开展了公众问卷调查，共获取到344份有效样本，取样科学合理。问卷内容包括公众对应急科普的满意度、态度以及对标准化工作的认识，主要题型为单选题、多选题和填空题。对填空题Q1（您认为当前应急科普标准化存在的最主要的问题是?）所获得的回答情况进行分析，绘制出了如图2所示的词云图，可以看出：受访者认为当前应急科普标准化存在的最主要问题是"无标准""没有统一标准""标准不统一""重视不够"等。

图2 应急科普标准化存在的最主要问题词云图

结合文献研究、数据统计和问卷调查，对我国应急科普标准化建设中存在的问题总结如下：

（1）应急科普标准化的内容体系有待完善。科普相关标准主要以全国科普标委会组织开展研究和编制为主，应急科普国家标准尚未开始探索，标准体系缺乏顶层设计，目前已经发布的应急科普相关标准以行业标准、地方标准为主。在应急科普标准相关内容上，以场馆建设、布展展示为主，现阶段特别缺少公众亟须的应急科普内容大纲、应急科普流程机制、应急科普作品制作规范、应急科普服务等方面的标准，如果应急科普标准内容体系不完善，这将不利于应急科普效果发挥，不利于公民应急科学素质的提升。

（2）应急科普标准化科学性有待加强。当前，公共安全科普内容大纲尚未出台，应急领域相关科普产品也是鱼龙混杂，缺乏精品。同时，应急科普服务领域的技术人员普遍缺乏标准化相关的专业知识，对应急科普标准化的重要价值与意义的认识不足，不能准确理解科普服务的相关业务和要求，加之对应急科普实践与案例研究较少，由此可见，提高应急科普内容标准化的科学性、权威性任重道远，而人才队伍的建设是重中之重。

（3）应急科普标准化体制机制有待建立健全。自上而下、政府指导、社会参与的应急科普体制机制尚未建立形成，政策导向不明确，缺乏对应的标准化管理、激励、评估机制。应急科普标准化社会参与度不高，成果不突出，缺乏指导性，不能及时指导应急科普服务和产品工作。缺乏完善的管理规范和评估机制，多注重实施，忽略实施效果评估，标准化质量和效率不高。

## 二、应急科普服务和产品标准研制的原则

我国正在开展应急科普服务和产品标准化的建设工作，国际标准化组织和发达国家已经开展的标准化工作对于我国开展应急科普标准化工作具有一定的借鉴意义。多年来我国地震、安全生产、民政减灾、气象、卫生、消防、科协等行业和部门也意识到标准在应急科普工作中的重要性，高度重视突发事件应急科普服务和产品标准的研制工作。

应急科普标准体系的构建是一个不断完善的过程，现阶段应明确重点、优先满足公众安全的迫切需求，跟进国际先进标准，不断完善涉及突发事件公共安全的应急标准体系，以提升全民科学素质为根本目标，服务于推进科普供给侧改革，发挥标准前瞻性作用和引领性作用，提升科普的针对性、适用性和有效性，为提高我国突发事件应对水平提供强有力的标准化技术支撑。当前，我国应急科普服务和产品标准的制定需要突出重点、合理规划、逐步完善。

（1）适应国情。依据"十四五"国家应急体系规划，充分了解当前国

家应急事业发展需要，掌握当前突发事件特点与民众需求，建立与我国国情适应的大国应急科普应对机制。探索"政府主导、社会参与、资源整合、权威高效"的应急科普服务和产品模式。

（2）动态兼容。与时俱进，跟进国际标准或相关国内标准，根据应急科普实践中出现的问题及时研制修订相关的应急科普标准。同时，制定公共安全或者应急科普标准要注意新制定标准与现有相关标准之间的兼容，体现应急处置的灵活性与应急程序的规范性。

（3）预防为主。应急管理工作需要常抓不懈、未雨绸缪，防患于未然，应急科普工作是关口前移的重要手段和途径。应急科普标准可以有效指导公民应对突发事件的准备工作，降低突发事件的影响。因此，在应急科普标准体系的构建过程中，必须高度重视防范化解重大风险、应对突发事件。

## 三、我国应急科普服务和产品标准化框架构建

应急科普服务和产品标准化框架是应急管理标准按其内在联系形成的科学有机整体，它可以避免应急管理标准制订工作的盲目性，并保证应急管理标准的系统性、配套性和完整性，因此建立应急科普服务和产品标准框架是一项重要的基础性工作。

为了进一步提高我国应急科普标准化，使标准体系的分类更清晰明确，构建包括应急科普国家标准、行业标准、地方标准、团体标准和企业标准的多维标准体系，结合我国应急科普范畴的实际情况，可以打破现有标准体系独立存在于各个业务领域的现状，构建以应急科普服务和产品两大维度的应急科普标准框架，在此基础上，统一应急科普服务和产品的基础综合类标准，包括术语与标志相关标准，有利于实现应急科普综合性、协调性标准的研制。结合当前应急和科普两个领域现状，下一步应着重从以下几个方面开展应急科普标准框架体系的构建：

（1）开展标准顶层设计。加强应急管理标准体系的研究，构建具有前瞻性、指导性的中国应急科普标准化体系，采用自上而下的方式设计规划应急科普体系，实现融合发展。研制应急科普服务、产品、基地、人员能

力等内容的标准，形式可以国家、行业、地方、团体与企业标准体现。定期发布科普标准制修订计划，设立科普标准化专项，支持全国学会、地方科协以及高校、科研院所、企业和社会团体等开展不同类型科普标准的研制和推荐工作，逐步构建包括应急科普基础标准、应急科普服务标准、应急科普产品标准等标准体系。开展应急科普内容大纲研发，出台加强应急科普研究工作草案，推进精品科普作品、规范应急科普服务活动，为标准建设提供政策指导。

（2）形成标准化工作机制。构建以应急管理部门为核心，以科技、科协及相关部门为成员单位的应急科普联席工作会议机制，明确各部门的具体职责，建立评估考核机制，切实落实部门责任，促进各部门信息共享。同步组建国家应急科普研究组织、应急科普工作委员会，形成责任明确、运转高效的应急科普组织体系，促进政府、公众、媒体、专业技术人员等各方的沟通合作。充分发挥全国相关标准化技术委员会的引领作用，搭建应急科普标准交流服务平台。建立标准化工作专家队伍，加强应急科普标准化工作交流培训，围绕科普标准化工作的重点任务和关键环节，鼓励支持社会各方参与和开展科普标准的研究编制和应用推广，形成推进科普标准化工作的有效合力。

（3）加快通用标准的研制。基础综合性科普标准是应急科普标准体系的基础，参考美国等国综合性标准的研制，我们需要从应急科普服务和产品的术语、标志标识方面入手，逐渐完善相关标准子体系（图3）。我国的应急科普标准体系需要进一步优化，应急科普标准需要多个标委会合作研制、共同推进、动态完善，以保证其具备结构完整、合理适用。应急科

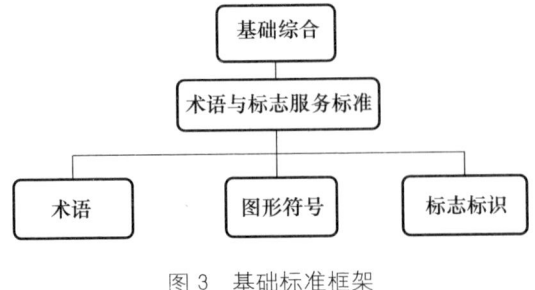

图 3　基础标准框架

基础标准在一定范围内可以直接应用,也可以作为其他标准的依据和基础,具有普遍的指导意义。应急科普基础通用标准分为应急科普术语与缩略语、应急科普符号与标志、应急科普分类与编码等 3 类。应急科普基础综合标准对于规范应急科普服务和产品具有重要意义。

(4) 完善应急科普标准的子领域。当前应急科普服务和产品标准化体系还不完善,需要积极构建和补充完善应急科普服务和产品标准的子领域。根据国外经验和中国国情,我们可以尝试以两种体系框架去建构应急科普服务和产品标准化的分类。

据前述调查,对填空题 Q2(您认为当前应急科普服务和产品包括哪些内容?)所获得的回答情况进行分析,绘制出了如图 4 所示的词云图,可以看出:受访者认为当前应急科普服务和产品主要包括"视频""图文""应急包""科普课程"等,还有一部分表示"不知道"有哪些内容。

图 4　Q2 的词云图

一是根据我国科普行业的系统框架,建构应急科普服务标准化的一级类别与子类别,具体划分为:应急科普服务机构、应急科普服务人员、应急科普产品、应急科普内容四个大类的应急科普服务标准。其中具体每一大类下面又细分不同的小类。如图 5 所示。

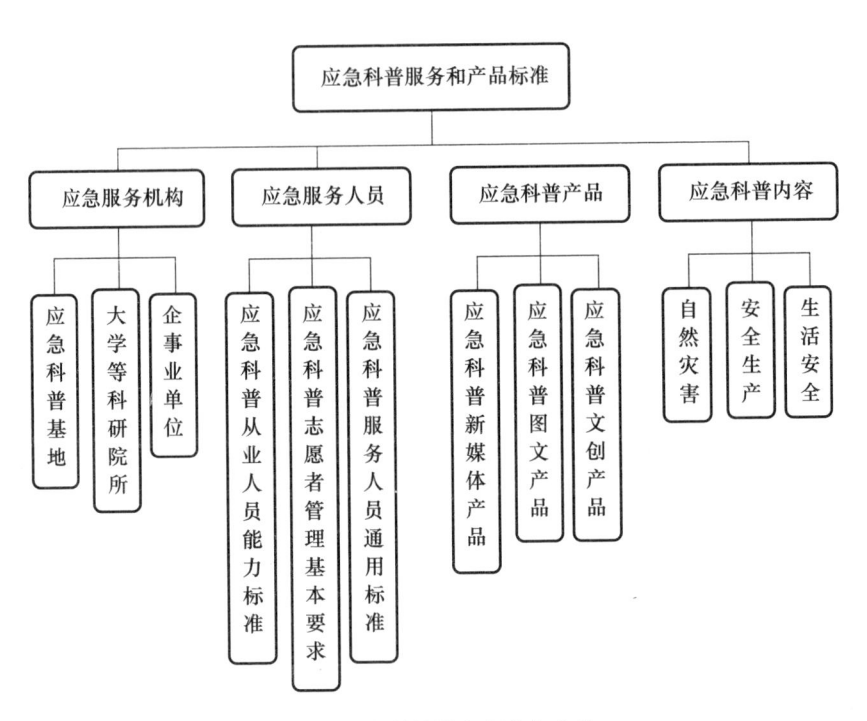

图 5 应急科普服务标准化分类

二是具体到我国的应急科普产品标准化的分类，参照科普系统的产品分类，更多地体现在应急媒介科普产品的标准化，具体分为应急科技资源科普化、应急科普影视作品开发两大类别。其中应急科技资源科普化包括：资讯类产品、文化类产品、公益类产品；应急科普影视作品开发包括：影视动画产品、新媒体产品。二级分类又可以细分三级分类。例如资讯类产品包括：微信公众号、微博、网站、APP；文化类产品：应急科普书籍、应急科普漫画、应急科普歌曲、应急综艺栏目；公益类产品：应急公益广告、应急文创产品；影视动画产品：电影、电视剧、科教纪录片、动画；新媒体产品：抖音、快手、社群 QQ。

## 四、应急科普服务和产品标准化工作建议

针对国内外应急科普标准情况研究，新时代应急科普标准工作建议可

以关注以下几个方面：

（1）加强科普标准宣贯试点工作。定期对已发布实施的各级标准进行宣贯，提升科普服务领域相关技术和管理人员的标准化意识及能力，加深对标准的理解。对不适应科普发展实践的及时推动进行修订、更新或废止。积极推广开展应急科普标准试点工作。

（2）重视应急科普从业人员的作用。在整个应急科普服务过程中，应急科普从业人员、志愿者的标准建设尤为关键。培育人才队伍能从根本上解决标准建设的诸多问题。设立应急科普从业人员标准，有助于从根本上规范从业者行为，提高从业人员素质。应急科普志愿者标准的建立，是吸引社会力量参与应急科普，扩大应急科普队伍，推动应急科普宣教常态化的有效手段。

（3）及时修订现行标龄过长的标准。正本清源，科学、及时开展应急科普内容标准的修订工作，以适应我国应急管理工作的需求和发展。我们国家的标准修订时间为5年，对照先进，我国也要进一步缩短应急科普服务和产品标准修订的年限，才能更好地适应时代与社会，促进应急科普的发展。

# 应急科普标准化工作的几点思考

应急科普是有效提升公众应急科学素质与应急避险能力的重要途径，也是应急管理宣传教育的重要内容，是有效防范化解重大风险的重要抓手，对推进应急管理治理体系和能力现代化具有重要意义。

科普在经济、教育、文化和社会各领域都发挥着重要作用，在推动社会和经济发展的过程中占据重要地位。应急科普有助于加强公众安全意识和避险技能，可以有效减少灾害或事故的损失，维持社会和谐稳定。毋庸讳言，应急科普还存在一些问题：诸如缺乏权威高效平台与专业人才，科普精品与品牌活动还需要不断打造，需要不断推进供给侧结构性改革，不断满足人民群众对优秀科普与文化产品的需求；同时，"政府－媒体－专家"应急科普协调机制尚需优化。当前，应急科普正处于快速发展的阶段，随着《关于新时代进一步加强科学普及工作的意见》《"十四五"国家科学技术普及发展规划》《"十四五"国家应急体系规划》等系列文件精神的出台，社会重视程度越来越高，多元社会主体参与越来越积极，可以说，应急科普社会化的局面虽已经基本形成，但也存在应急科普内容不准确、应急科普服务流程不规范、应急科普从业人员专业性不足、应急科普研究还需加强等问题，应急科普标准化工作亟待提上议事日程。应急科普标准体

---

本文作者张英，袁丽慧、邢雅静（应急管理部宣传教育中心），赵明宇、尚甲（中国科普研究所），2022年发表于《中国应急管理》。

系的建设有利于引导和规范应急科普内容和服务，推进应急科普高质量发展。

## 一、应急科普标准体系建设的必要性

标准化是一个涵盖起草制定、发布实施、评估认证的系统化过程，标准化体系的完善有利于推动国家治理体系现代化、提升国家核心竞争力及促进行业可持续稳定发展。应急科普作为政府应急管理工作的重要一环，始终贯穿于整个应急管理工作流程，对于保障国家安全发展和提升公民科学素质有着极其重要的作用。

标准化体系构建助力应急科普高效发展。标准化为开展应急科普工作提供基本准则和参照依据，通过对已发生的和潜在的应急科普相关问题进行系统化梳理，结合实际工作经验，形成一系列可反复实施、监督量化的规范要求。优化应急科普资源配置，规范行业发展秩序，有助于确保应急科普行业获得高质量可持续健康发展。

标准化体系构建助推应急科普协同发展。应急科普是一项涵盖多领域、多主体、多方位的基础性工作，在应急管理体系和科普标准化体系建设中都扮演重要角色，两者相辅相成。建立规范化行业标准体系，是开展新时代信息化应急科普工作的重要抓手，是完善应急科普管理体系的战略性举措。

标准化体系构建有助应急科普持续发展。通过建立应急科普服务标准体系，形成对科普服务主体、设施、方法及效果评价等子体系的明确要求，为评估应急科普工作成效提供重要支撑，也为进一步提高工作实效提供问题导向与路径思考。

我国历来重视应急科普工作，坚持把维护人民利益和国家稳定放在首位，坚持贯彻党中央、国务院关于应急管理、科普宣教、安全生产及防灾减灾等重要工作部署。2021年6月，国务院印发《全民科学素质行动规划纲要（2021—2035）》，提出要建立应急科普宣教协同机制，坚持日常宣教和应急宣教相统一，同时首次提出要"强化标准建设，分级分类制定科普产品和服务标准,推动构建包括国家标准、行业标准、地方标准、团体标准和企业标准的多维标准体系。"2021年10月,中共中央、国务院印发的《国家标准化发展纲要》中指出:要加快推进重大疫情防控救治、国家应急救援等领域标准建设。我们可以认为:应急科普标准化不仅关系我国应急科普工作可持续发展,而且是应急科普供给侧结构性改革的推进器。鉴于应急科普在科普工作中的重要地位,推进应急科普标准体系建设,对维护社会稳定、提升公众科学素质及完善科普标准化体系有关键支撑作用。

## 二、应急科普政策与标准现状分析

应急科普政策是相关标准制定的基础和有力保障。近20年来,应急科普相关政策逐渐完善,应急科普标准的制定也逐步开展。

### 1. 应急科普相关政策

2002年,我国公布施行《中华人民共和国科学技术普及法》,从此科普工作有法可依。2005年,国务院办公厅印发《应急管理科普宣教工作总体实施方案》,以国家总体预案为核心,应急知识普及为重点,典型案例为抓手,按照灾前、灾中、灾后的不同情况,分类宣传普及应急知识,提高公众的预防、避险、自救、互救和减灾等能力,增强公众的公共安全意识和法治意识。2007年,《中华人民共和国突发事件应对法》开始施行,强调了预防为主、预防与应急相结合的原则。2017年,科技部、中宣部联合制定的《"十三五"国家科普和创新文化建设规划》中专门强调了应急科普能力建设问题,要求各级政府针对环境污染、重大灾害、气候变化、食品安全、传染病、重大公众安全等群众关注的社会热点问题和突发事件,及时解读,释疑解惑,做好舆论引导工作。与此同时,要结合重大热点科技事件,组织传媒与科学家共同解读相关领域科学知识,引导公众正确理解和科学认识社会热点事件。2022年3月全国科普工作联席会议上指出,新时代,要着重提升科普工作应急服务能力,推动建立应急科普机制。最近发布的《关于新时代进一步加强科学普及工作的意见》指出:统筹日常科普和应急科普，深入实施全民科学素质行动，为全社会开展应急科普工作创造良好环境和条件。

应急科普相关政策规定，把应急科普知识宣传教育、应急救援演练等工作所需经费纳入县级以上人民政府财政预算；规定各乡镇政府、居委会、机关、团体、企事业单位等组织应急知识教育和应急演练，县级以上教育行政部门应当将应急知识教育纳入地方课程，固定课时进行安全知识普及，且各学校要组织应急避险演练；规定把 5 月 12 日所在周作为防灾减灾宣传周；规定志愿者队伍平时进行应急知识宣传、组织居民自救互救演练，提供应急救援服务、心理疏导以及相关科普服务等；规定新闻媒体每年结合重要纪念日进行应急知识的重点宣传，并做好日常宣传教育工作。强调将应急知识纳入全民素质教育体系、推进科普基地建设、推进示范工程建设、推进科普作品创作、加强媒体宣传能力、开展相关演习和培训、完善宣传机制、加强国际合作、加强人才队伍建设、促进科普产业发展、建设互联网＋应急科普等多个方面的内容，与时俱进，提升应急减灾科普传播能力，提出要创新科普服务模式。具体来讲，突发事件中的自然灾害、事故灾难、社会安全事件等对科普工作也相应作出规定。

我国灾害种类多、分布地域广、发生频率高、造成损失重。防震减灾方面，1997 年我国通过了《中华人民共和国防震减灾法》，随后，各地区分别发布实施该规定或颁布地方性的《防震减灾条例》并不断修订。近 10 年来，中国地震局相继印发《关于进一步做好防震减灾宣传工作的意见》（中震防发〔2012〕49 号）、《关于进一步加强防震减灾科普工作》（中震防发〔2014〕20 号）《关于加强少数民族和民族地区防震减灾科普工作的若干意见》（中震防发〔2015〕61 号）、《关于进一步加强防震减灾科普工作的指导意见》（中震防发〔2016〕68 号）、《加强新时代防震减灾科普工作的意见》（应急〔2018〕57 号）等政策文件。2021 年，中国地震局、中国科协联合印发实施《"十四五"防震减灾科普规划》，详尽介绍了防灾减灾科普工作的任务、重点工程、保障措施等内容。其他地质灾害、气象洪涝、海洋灾害、森林火灾等灾种相关的相关规定也并不少见。

事故灾难中，消防和交通安全关乎每个人的日常生活。消防方面，

1998年，我国通过了《中华人民共和国消防法》，要求各级人民政府应当组织开展经常性的消防宣传教育，增强公民的消防安全意识，有些地区也颁布了地方性的《消防条例》并不断修订。交通方面，2003年，我国通过了《中华人民共和国道路交通安全法》，要求各级人民政府应当经常进行道路交通安全教育，增强公民的道路交通安全意识。2019年1月，为推动交通运输科技创新和科普工作协同发展，更好地服务于现代化综合交通运输体系建设，交通运输部对加强交通运输科普工作提出《关于加强交通运输科学技术普及工作的指导意见》，着力培育建设一批高质量的科普教育基地，提升优质科普内容供给能力。

社会安全事件方面涉及的法律较多，自90年代起，各类相关法律相继颁布，规定各级人民政府应当将社会治安综合治理相关法律法规的宣传纳入法制宣传教育规划。

### 2. 应急科普领域已有标准

应急科普的相关政策对应急科普服务的主要内容作出要求，包括日常的科普宣传、学校教育、媒体宣传、科普时段、科普人才、应急演练和心理疏导等多个方面，但并没有标准化。对于应急科普标准，按"科普""安全教育""防震减灾""应急"等关键词进行检索，共计筛选出与应急科普相关的标准112项，其中有33项国家标准（含计划），25项行业标准，54项地方标准。其中，地方标准数量在2018年后显著增加，表明各地政府及相关部门对应急科普领域工作的逐步重视。但这些标准基本是单一隶属于应急行业领域或者是科普基地建设领域，对应急科普的规定都较为零碎，且主要聚焦于地震、气象、消防等行业领域中。例如，2016年，由科普服务标委会发布的国家标准《科普资源分类与代码》（GB/T 32844—2016）、《科普信息资源唯一标识符》（GB/T 41132—2021）、《中小学生安全教育服务规范》（GB/T 38716—2020）、《防震减灾科普教育基地管理要求》（DB1410/T 111—2020）、《消防科普教育基地建设标准》（DB37/T 3485—2019）等。

目前较为全面的是科普基地建设规范。以防震减灾科普为例，2004年，中国地震局印发《国家防震减灾科普教育基地申报和认定管理办法》，全国的防震减灾科普教育基地开始兴建和申报，并开展科普活动。2016年，中国地震局更新了科普基地相关认证管理规定，对科普基地申报提出了更加具体的要求。2021年，根据科普工作的发展，对科普基地做了更详细的划分，并鼓励科研单位和高校参与建设防震减灾科普基地，印发了最新的《国家防震减灾科普教育基地认定管理办法》。2022年，全国已有140家国家级防震减灾基地，发展相对完备。

随着近几年新媒体的发展，线上科普成为应急科普的重要形式之一，但目前还没有相关标准进行规范管理，针对应急科普产品的标准也需要加快制定。

应急科普的全过程包括建立对突发事件的科学认识、设置科普议程、还原事件全貌、生产科学知识和扩大优质内容传播范围等环节，应当包括突发事件各阶段。通过现有相关标准对应发现，基本覆盖了事故灾难的事前预防、事中响应，而对应于事后恢复的相关标准较为缺乏。

## 三、应急科普体系框架设计

应急科普服务和产品标准体系包括应急科普服务标准和应急科普产品标准。其中应急科普服务标准包括服务机构、人员标准，服务内容、方法标准，服务设施标准和服务评分标准多个方面，涉及科普人才、科普内容、科普设施、科普评估等内容。应急科普产品标准涉及软件、视频、图文等多个方面（各标准可细化如图1）。

服务机构、人员标准中，应急科普服务机构通用标准包括应急科普基地、学校、科普场馆、相关企业、科研机构等的通用标准。应急科普从业人员能力标准与志愿者管理相关标准十分重要。应急科普从业人员能力标准包括从业人员的业务能力、专业背景、培训情况等，应急科普事关生命安全，从业人员的能力标准非常重要。应急科普志愿者管理基本要求包括志愿者业务能力、服务时间、培训情况等，志愿者是科普队伍的有生力量，加强志愿者管理，提升志愿者业务水平，保证服务时间有利于应急科普工作的开展。服务内容、方法标准中，应急科普服务规范包括线下科普服务

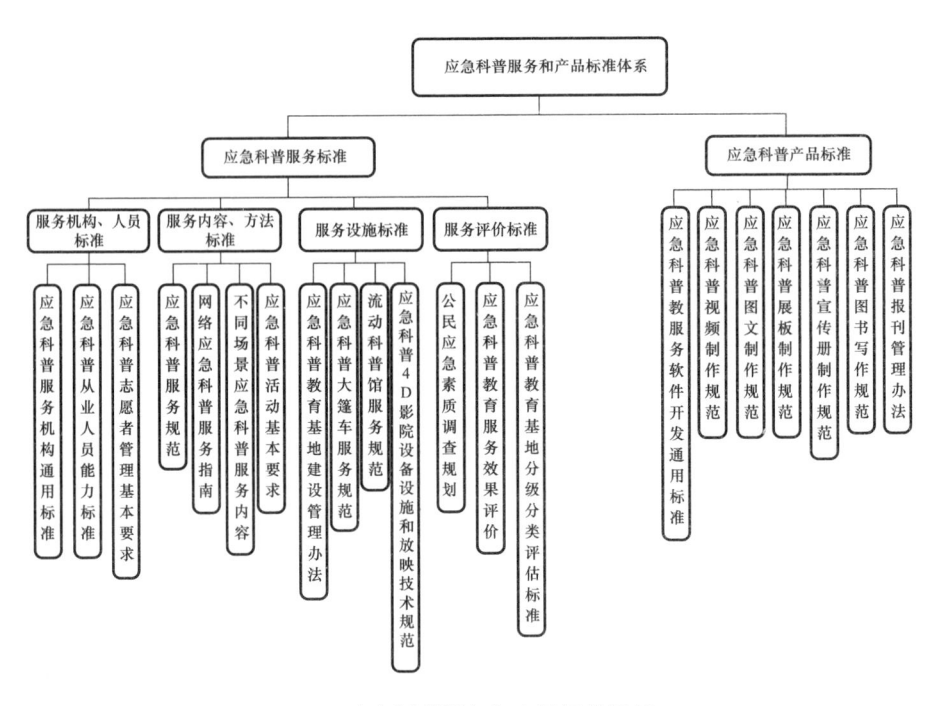

图 1　应急科普服务和产品标准框架

内容、服务形式、服务时间、经费支持等多方面内容。网络应急科普可以克服时间和空间的限制，更大限度地提高公众碎片时间的利用率，更符合当下人们的生活节奏。目前，网络应急科普发展迅速，形式多样，但缺少一定规范，应急科普服务指南就是要对网络应急科普进行一定的引导。应急科普包括不同的突发事件，以及不同突发事件的不同阶段，所涉及的场景非常多，需要相关标准进行梳理。服务设施标准中，针对应急科普教育基地建设的管理办法目前已经在相关行业领域进行了制定和修订，包括总则、职责分工、申报、认定、管理监督等多个方面。应急科普大篷车服务规范包括大篷车内设设施、科普内容、巡展情况等方面。流动科普服务规范包括展陈、科普内容、科普人员、巡展情况等方面。应急科普 4D 影院设备设施和放映技术规范包括硬件设施和影片内容、质量以及相应的更换频率等。服务评价标准中，公民应急素质调查包括公众对突发事件的应对能力、对科普知识的理解等多个方面。应急科普教育服务效果评价是公众接受应急科普服务之后对服务效果进行的评价，包括服务内容、设施、人员等。应急科普教育基地分级分类评估标准包括科普基地的活动开展频率、经费、人员、设施更新等多个方面。应急科普产品标准包括软硬件，图书、期刊以及线上科普所涉及的视频、图文等内容。线上科普近几年发展较快，是疫情期间主流的科普形式。其传播速度快，但是还没有相关标准指导，未来需要不断加强建设。

## 四、应急科普标准体系建设对策建议

应急科普标准体系建设顶层设计要以科学思想为引导，遵循理论与实践相结合、与技术相统一的基本要求，细化应急科普的概念与内涵。根据科普和应急双领域标准的交叉融合性与社会性特点，结合应急科普领域的实践经验，汲取合理成分，确保分类科学、重点突出、框架合理、覆盖全面，保障应急科普细化性工作做到有理可据，有标可依，但同时避免过多冗余，避免应急科普的发展被标准束缚，在科学性的指导下使得应急科普蓬勃有序发展。

应急科普涉及领域较为广泛，不同领域科普发展程度不同，同时同步推动不同领域的科普标准建设存在一定困难。应急科普标准可以分阶段进行，开展试点研究。结合《关于新时代进一步加强科学普及工作的意见》精神，要优先探索应急科普基地相关标准建设，不断加强对应急科普基地建设的支持力度，促进全国应急科普基础均衡发展。鼓励建设具有地域、行业特色的应急科普基地。同时，在应急科普发展相对完备的领域，如地震、气象、消防、交通等领域先试行，实现一些示范性的项目，开发可推广的模式，推动应急科普其他领域积极建设科普规范和标准，构建科普服务和产品标准体系。

随着社会飞速发展，应急科普服务和应急科普展品标准体系也需要不断适应发展进程，应急科普标准体系建设逐步完善。另外，由于突发事件具有较大程度不可预测性和不确定性，应急科普很难做到一成不变。因此，在构建应急科普标准体系要与时俱进、不断优化，进一步提高公众参与度，从受众角度提高标准制定的合理性，助推新时代应急科普工作迈上新台阶。

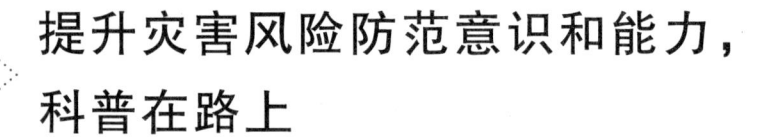

# 提升灾害风险防范意识和能力，科普在路上

2021年5月12日是我国第13个全国防灾减灾日，主题是"防范化解灾害风险，筑牢安全发展基础"，5月8日至14日为防灾减灾宣传周。历年来，512防灾减灾日作为重点宣传时间节点，社会公众较为关注并积极参与，各地各部门开展了声势浩大、丰富多彩、富有成效的系列科普宣教活动，在提高公众防灾素养与应急科学素质等方面起到了重要作用。

## 一、应急科普工作的重要意义

科学技术进步是人类社会发展的巨大历史推动力，科学普及（传播）作为科学技术通向人类社会的桥梁具有重要意义。可以说，没有全民科学素质的普遍提高，就难以建立起宏大的高素质创新大军，难以实现科技成果快速转化。值得关注的是，"十四五"规划和2035年远景目标纲要明确提出，要"广泛开展科学普及活动，加强青少年科学兴趣引导和培养，形成热爱科学、崇尚创新的社会氛围，提高全民科学素质"。我们应当看到，我国正经历着人类历史上速度最快、规模最大的城镇化进程，城市各种复杂的风险问题不断涌现，同时，广大农村地区很多处于灾害易发区、频发区，

---

本文作者张英，2021年发表于《中国减灾》。

加之基层抗灾救灾力量弱，群众自救能力相对不足，灾害易损性问题不容忽视，在乡村振兴的国家政策大背景下，如何防范化解重大风险、如何防止因灾返贫等问题值得关注和研究。

多年来，国外一些国家和地区通过防灾减灾科普、宣传、教育体系建设的推进，已经形成一种积极的预防文化，从某种程度上实现了"关口前移"。同时，我国历来高度重视应急管理领域的科普宣传教育工作，广大人民的应急科学素质不断提升。汶川地震等灾害事件后，公众更加关注防灾减灾、安全议题，我国公民应急科学素质有了大幅度的提升，但目前也存在发展不平衡、不充分的问题。现阶段，如何构建应急科普体系（知识普及、宣传五进、安全教育三位一体），是当前迫切需要研究和解决的问题。

应急科普是整个应急管理系统不可或缺的重要因素，早在2005年国务院办公厅《关于印发应急管理科普宣教工作总体实施方案的通知》指出应急管理科普宣教工作对于增强公众的公共安全意识、社会责任意识和自救互救能力，提高各级组织的应急管理水平，最大程度地预防和减少突发公共事件及其造成的损害，具有十分重要的意义。不断提高全民科学素质，是实现科技强国和"两个一百年"奋斗目标的群众基础和社会基础，也是推进新时代应急管理事业现代化的力量源泉。

需要指出的是，应急领域科普宣传教育概念的流变改变不了其核心内涵。其实，无论是防灾减灾科普，或是安全宣传，还是应急科普，其核心要义都是通过科普宣传教育，使公众和青少年了解与应急（前、中、后）相关的科学技术知识，树立正确态度与价值观，并具在紧急状态下沉着冷静、保护自身及家人安全、科学应对的技能。

## 二、应急科普相关的重要论述与文件精神

习近平总书记在全国科技创新大会上强调，科技创新、科学普及是实现创新发展的两翼，要把科学普及放在与科技创新同等重要的位置。做好应急科普工作，必须以习近平总书记科学普及重要论述为统领，大力普及应急科学知识，弘扬应急科学精神，传播应急科学思想，倡导应急科学方

法，掀起应急安全、应急减灾、应急救援科普热潮，提升公众应急科学素质，为全面提升应急管理综合能力奠定坚实基础。2016年7月，习近平总书记视察了河北省唐山市，就如何全面提高国家综合防灾减灾救灾能力发表了重要讲话，明确了防灾减灾救灾工作"两个坚持，三个转变"的指导思想。2016年12月19日，中共中央、国务院出台了《关于推进防灾减灾救灾体制机制改革的意见》，为做好新时代防灾减灾救灾工作指明了方向，具有重要意义。明确提出"两个坚持，三个转变"的指导思想：即"坚持以防为主、防抗救相结合，坚持常态减灾和非常态救灾相统一，努力实现从注重灾后救助向注重灾前预防转变、从应对单一灾种向综合减灾转变、从减少灾害损失向减轻灾害风险转变。"

为深入贯彻习近平总书记关于应急管理重要论述精神，牢固树立安全发展理念，大力加强公众安全教育，扎实推进安全宣传进企业、进农村、进社区、进学校、进家庭，进一步提高全社会整体安全水平，2020年5月6日，国务院安委会办公室、应急管理部联合印发《推进安全宣传"五进"工作方案》（以下简称《方案》），对做好新形势下安全宣传工作进行统一部署，明确工作重点，细化任务举措，提出具体要求。2020年9月，为不断增强社会公众对突发事件的应急意识和应对能力，不断增强社会公众关于公共卫生、自然灾害、事故灾难等突发事件的应急意识和应对能力，最大程度地预防和减少突发事件造成的损害，更好地服务和保障经济社会发展，中国科协、中央宣传部、科技部、国家卫生健康委、应急管理部等5部门联合印发《关于进一步加强突发事件应急科普宣教工作的意见》。这两个文件，可以有效指导、实现现阶段应急科普宣传教育工作的精准发力。

## 三、应急科普的几个概念

应急科普可以提升公众的"应急四科两能力"，即科学知识、科学方法、科学思想和科学精神以及参与科学决策和处理科技公共事务的能力。简单地说，一方面可以提高老百姓的应急科学素质，关键时刻保护自己生命安全；另外一方面公众能更加支持、理解应急管理以及相关部门的工作决策，同时，培养应急管理事业接班人，对于应急管理系统工作的开展具有重要的作用。

如何理解应急科普，可以从应急科普的概念、层次、面向与形式理解。应急科普的概念内涵可以从以下几个层次理解：一是关于应急知识的科普，这个主要是在灾前，开展防灾减灾、安全生产以及应急救援等应急管理知识的科普，关注知识层面较多；二是在突发事件应对时段的应急科普，主要是提升应急技能，学会自救互救技能，如新冠肺炎的预防措施"勤洗手、戴口罩、多通风、少聚集"，地震灾害发生之后是否有余震的科普，灾害发生如何避免疫情、次生灾害的发生等，以实用导向为主；三是为了应急安全与减灾的科普，这个层次包括辟谣平台的建设、舆情分析与处置、灾后心理康复等，提升公众应急科学素质，较为宏观和系统，关注整体和长期。

应急科普内容的层面：最高层面目标应该是培养人地协调观、学会与自然灾害风险共处；另外一个层面是提升公众防灾减灾技能、提升自救互救能力；最基础的层面就是关于自然灾害的概念、原理、分布等基础知识。应急科普的面向：可以按照年龄划分为幼儿、中小学生、成人等对象；也可以按照五进或是七进划分对象，实际工作中，要根据公众的不同年龄等特征采取不同的内容与方法，提升应急科普效能。应急科普的形式问题：应急科普的形式应该让群众喜闻乐见、新颖多样，不同的内容采取不同的形式，在实践中，已经形成了讲解大赛、讲座培训、知识竞赛、亲子活动等科普活动。如何设计、推广、创新应急科普品牌是我们需要一直思考的课题。

从某种程度说应急科普是可以救命的。当然我们不可能神化之，企图其能解决一切问题，但在建筑质量安全问题之外，在防灾减灾科技体系之外，在政策法律法规之外，在灾害救助体系之外，应急科普是至关重要的。

## 四、应急科普存在的问题与未来发展方向

"十三五"期间，学校防灾减灾教育不断推进，全社会防灾减灾宣教活动广泛开展，防灾减灾网络宣传效果明显，科普宣传教育基地发挥较好作

用，综合减灾示范社区建设取得新的进展，防灾减灾科普宣教工程顺利实施。经过"十三五"防灾减灾科普工程的五年建设，取得了系列成就，但也存在一些不足，诸如：群众参与较少、获得感尚需提升；社会参与防灾减灾科普的市场机制尚未形成；防灾减灾科普研究力量单薄、防灾减灾科普精品较少；防灾减灾科普绩效评估尚未开展等方面。鉴于防灾减灾科普的重要意义，以及存在的一些问题，在我国自然灾害多发的背景下，在公民防灾素养偏低的背景下，深入、持续推进防灾减灾科普是非常必要的，也是可行的。

新时代的中国，比以往任何时候都需要科普的大力发展，发挥科普的政治、经济、文化、科技、教育等社会功能，为实现中华民族伟大复兴的中国梦作出应有贡献。新时代亟须构建具有国际观瞻、本土情怀的中国应急科普体系，培育安全文化孕育的土壤。丰富安全文化内涵对推进我国文化建设、社会建设、生态文明建设具有重大意义。我们需要不断地从灾害、事故中吸取教训，通过开展应急科普能力提升、体制机制建设，普及应急知识，增强社会公众的应急素养，推进传播能力建设，提高国家应急安全软实力。

新时代，应急科普应该：一是更加着眼于消除传播误区、救人性命（如地震来临时，我们提倡伏而待定，因时、因地、因人制宜，具体情况具体分析。科学识别地震谣言，更重要的是我们要学习一种科学的思维方式，结合实际情况科学处理）；二是着眼于传播科技进步给人以希望（如介绍地震预警、电磁卫星等新技术或科学研究进展；明确房子结实很重要，在各个环节重视抗震设防工作，只有从源头上或者说从根本上解决了问题，那么防灾减灾科普才能发挥更大作用，我们不能期待仅仅从科普上就可以解决问题）；三是着眼于公众参与、获得感增加（公众参与可以分为加强公众自救互救能力、参与群防群治两个层面：发动群众，如参与地质灾害监测预报工作、加强灾害信息员队伍建设，让公众积极参与防灾减灾工作。第一应急响应人工作，如加大心肺复苏CPR的培训，加强公众的自救互救能力）；四是着眼于落后地区、脆弱性（无论从资金投入还是资源分布，应急科普工作要关注弱势群体，关注脆弱性，更加要关注基层、关注农村等容易被忽视的地方）。

除持续加强应急科普作品创作、打造品牌、推出精品科普产品外，还应该组建专家队伍开展"应急科普大讲堂"系列活动、开展应急科普体制机制建设；同时，全球共同探求"综合减灾"之路。新时代，应急管理工作需要不断实现关口前移。我们需要通过科学研究与应急管理，不断提高危机风险应对能力，加强应急管理交流合作，如参与国际灾害救援等方式，这些都可以彰显大国力量，树立负责任大国形象。在应急科普培育方面，建议开展国际交往合作，积极向世界各国展示我国先进的应急科普成效，学习借鉴国外的经验做法，提高应急科普水平。同时，可以在地震遗址地或应急科普场馆的展示、保护、教育的功能的基础上增加研究、国际交往功能；也可以通过举办参与式活动、学术研讨、竞赛类活动等形式开展国际交流合作，输出中华优秀的安全文化，树立正面、积极、有担当的国际形象，共建人类命运共同体。

# 浅议应急科普基地的建设与发展

我国正经历着人类历史上速度最快、规模最大的城镇化进程，各种复杂的风险问题不断涌现，面对世界的不确定性，必须强化底线思维，树立红线意识、创新意识，切实做好防范化解重大风险各项工作。习近平总书记在全国科技创新大会上强调，科技创新、科学普及是实现创新发展的两翼，要把科学普及放在与科技创新同等重要的位置。做好应急科普工作，必须以习近平总书记科学普及重要论述为统领，大力普及应急管理科学知识，弘扬应急管理科学精神，传播应急管理科学思想，倡导应急管理科学方法，掀起应急安全、应急减灾、应急救援科普热潮，提升公众应急科学素质，为全面提升应急管理综合能力奠定坚实基础。

应急管理科普是应急管理事业的重要组成部分，是常态的基础性工作。不断提高全民科学素质，是实现科技强国和"两个一百年"奋斗目标的群众基础和社会基础，也是推进新时代应急管理事业现代化的力量源泉。应急科普的作用一方面可以增强老百姓的应急意识，保护自己生命安全；另外一方面更加能支持理解应急管理部门以及政府部门的工作决策，对于应急管理系统工作的开展具有积极重要的作用。

应急科普基地是开展应急科普宣教工作的重要阵地与平台，本文尝试从

---

本文作者张英，2021年发表于《中国应急管理》。

为什么要建设？如何建设？如何管理和评价的角度开展分析，以抛砖引玉。

# 一、为什么要建设？

### 1. 公众需求

马斯洛需求层次理论指出，人类需求像阶梯一样从低到高按层次分为五种，分别是：生理需求、安全需求、社交需求、尊重需求和自我实现需求，安全需求在其中占据重要位置。老百姓温饱等生理需求得到满足，对美好生活的需求日益增长，必然把安全作为前提、基础和保障，人民对安全知识的需求十分迫切。

汶川特大地震发生后，在一定程度上唤醒了民众对应急管理工作的关注，安全素质有所提升。公众长期对应急管理工作缺乏了解，让公众理解应急管理工作绝非易事。目前，在全民防灾意识提升方面，构建权威的应急科普宣传阵地建设尤为重要。应急科普宣教基地可以长期地、形式多样地向广大群众宣传普及应急管理知识、锻炼技能、提升态度，实现"教育一个受众，影响一个家庭，带动整个社会"的根本目标。让公众更有获得感、幸福感。同时，我们可以从"两会代表提案"可以看出：代表们对应急科普宣教基地等宣传阵地的建设较为关注，也可以反映出公众的强烈需求。

### 2. 政策要求

日本、韩国等国早在 20 世纪末就出现了以"市民防灾教育馆"为名的安全训练场馆，在这些场馆中引入"体验事故""模拟灾害"等设计理念。近年来，在《全民科学素质行动计划纲要（2006　2010—2020 年）》《"十三五"国家科技创新规划》等一系列政策支持下，科技部、司法部、生态环境部、交通运输部、教育部、自然资源部、卫生健康委员会以及中国科协等部门以基地建设管理为抓手，积极布局科普场馆建设工作，科普场馆建设进入快速发展阶段。

2020年9月,为不断增强社会公众对突发事件的应急意识和应对能力,中国科协、中央宣传部、科技部、国家卫生健康委、应急管理部等5部门联合印发《关于进一步加强突发事件应急科普宣教工作的意见》(科协发普字〔2020〕22号),在这一指导性文件中明确提出:"完善应急科普基础设施,推动建设应急科普宣教场馆,推动科技场馆、教育基地、灾害事故遗址等阵地设施设立应急科普宣教专区",应急科普各项工作稳步推进。

国内各类应急安全、应急减灾、应急消防等科技类博物馆、体验基地、安全馆建设也如火如荼地开展,大有星火燎原之势。但也存在一些问题,如应急科普基地的建设理念尚需打造、内容体系尚需科学研究、发展方向尚需引领。目前,各地亟须建设一批应急管理科普宣教和安全培训、体验基地,增强公众安全意识和自救互救能力。调研显示,现阶段无论从资金投入还是人才分布上来看,应急科普基地建设存在区域、城乡发展不均衡的问题。同时,应急科普宣教工作要关注弱势群体,关注脆弱性,更加要关注基层、关注农村等容易被忽视的地方。应积极加大农村地区科普传播经费投入,从自然灾害防治角度开展灾前预防科普工作;用好宣传、科技、科协系统的文化或科普传播平台,着力解决小城镇、城郊结合部、农村等地区公众科普服务能力较低等问题。

## 二、如何建设?

应急管理部门虽然为新组建,但全国各地之前已有不少防灾减灾、消防、安全类场馆,经过十余年的发展,此类科普教育基地已经有了一定规模,也各成体系,各地在建设过程中形成了一定的发展模式,初步形成了大、中、小配套格局,各地在建设过程中形成了各自的独特科普基地建设发展模式。鉴于此,应利用已有优势、不断依托科技场馆、灾害遗址公园、应急培训和安全教育实践基地、应急避难场所、人民防空宣传教育场所、公众游乐体验设施等,建设一批应急管理科普宣传教育基地。应急科普宣教基地应该探索"地方政府自建为主、应急部门监管、社会参与、公平开放"的建设和运营模式。充分调动市场主体积极性，多元主体参与，加强管理引导，实现投资多样化、管理多元化、指导标准化、评价机制化，促进新时代应急科普宣教基地有序、良性发展。

科学规划、因地制宜、适度超前、社会参与推进建设一批应急科普宣教基地。应急科普宣教基地要根据各自的特点，充分发挥自身优势，与当地经济社会融合发展，积极开展公众服务，实现应急科普宣传教育活动常规化、制度化。日常化开展讲座、展览等形式多样的科普活动。鼓励积极承办当地学校、企业、学会、协会等社会主体的研学、培训等活动。

### 1. 科学规划

应急科普宣教基地建设坚持生命至上、牢固树立安全发展理念，积极、审慎地推进顶层设计、项目规划、建设实施、监督评估等工作。

《国家科普与创新文化建设规划》重点任务指出：加强科普基础设施建设。完善国家科普基础设施体系，大力推进科普信息化，实施科普基础设施建设工程，依托现有资源，因地制宜建设一批国家科普示范基地和国家特色科普基地，充实拓展专业特色科普场馆和基层科普基础设施，提高科普基地的教育、服务能力和水平，支持和推动有条件的科研机构、科研设施、高等学校和企业向公众开放，开展科普活动，提高科普基本服务能力和水平，建立国家科普基地评估评价机制和指标体系。

在省级试点全国一流的综合性应急科普教育基地，在市、县、乡建成一批面向社会公众的应急科普场馆。基地布局要根据区域特点、灾害背景等情况，实现网络化建设、行业规范化管理。以利用已有建筑主体进行场馆改造建设和对已有的专项场所改扩建为主，适度新建为原则，避免重复、低水平建设，稳步推进。

### 2. 建设原则

应急科普宣教基地建设需要遵循以下原则：一是基地建设要符合行业规范、标准以及相关规划建设要求。积极争取政府和行业部门的重视和支持，将应急科普基地建设和后期运营经费列入财政专项预算和经费保障序列。探索以政府与企业共同出资建设、政府购买服务的基础上结合社会化运营的方式，在保障应急科普公益性质的同时建立多元化保障体系，推进基地建设和运营。二是场馆建设要符合相关建筑、消防、抗震等相关建设规范。建设完成后应健全管理制度，加强安保管理，杜绝发生一般及以上安全责任事故或社会影响较大的责任事故。三是基地应通过免费或收费的形式实现面向社会开放，每年有财政固定投入或通过自我经营实现可持续的长期投入及运营经费。四是新建或改建应急宣传基地要以综合性基地为主，并纳入安全生产、消防、民防、地震等原有科普教育基地体系按照各自标准实行双认证或多认证，避免重复建设。

## 三、如何管理？

应急科普基地建设和运维不可能存在单一的建设和管理模式，它已经是而且应该是多种模式并存。但是，多种模式应该在一个体系之下共同和有序地发展。应该实现"业务指导标准化、建设资金来源多样化、运维管理多元化、基地评价机制化、奖励整改经常化"。建议加强对全国应急科普教育基地的业务指导，尤其在内容方面，建议管理部门成立管理办公室、尽快出台应急科普基地建设发展管理办法，该办法适用于科普基地的规划建设、申报、评议、命名、运行与管理等工作，形成基地网络，促进应急科普基地建设与发展。

应急科普基地享有依法开展科普活动的权利，享受国家给予公益性科普事业的相关优惠政策。通过示范创建，推动建设一批应急科普基地，在全国范围内进行宣传、示范，推动建设一批高质量的应急科普基地。同时，探索分级分类管理，北京、浙江等地已有地方实践案例、经验，探索构建符合时代特点、科学有效的应急科普基地管理体制机制，进而推动应急科普基地建设与发展。完善基地场馆教育功能，优化运营管理模式，积极开展面向公众的应急避险、生活安全、防灾减灾、公共安全等科普教育，增强社会公众防灾减灾意识和应急避险能力，培育安全文化，建设安全安心社会。

# 从应急科普谈科普智库建设

当前新冠肺炎防疫期间,公众对医学、应急防护与救援等相关的科普服务需求迫切,相关部门积极作为、快速开展应急科普工作起到了安定人心、稳定社会秩序、助力抗疫的效果;同时,一些学者发表了应急科普相关观点,对我国应急科普体制机制建设建言献策;与此同时也引发了公众、社会对应急科普的思考与反思,毋庸讳言,应急科普无论是从科普体制机制构建、内容生产、平台建设还是传播推广等维度还存在一些问题,有必要分析并解决之,其中应急科普智库建设问题迫不及待。

## 一、应急科普的重要意义

我国正经历着人类历史上速度最快、规模最大的城镇化进程,各种复杂的风险问题不断涌现,面对世界的不确定性,必须强化底线思维,树立红线意识、创新意识,切实做好防范化解重大风险各项工作。应急管理科普宣教工作对于增强公众的公共安全意识、社会责任意识和自救互救能力,提高各级组织的应急管理水平,最大程度地预防和减少突发公共事件及其造成的损害,具有十分重要的意义。国外通过应急科普、安全文化体系建设

---

本文作者张英,部分内容已于 2021 年发表于《科普研究》。

的推进，已经形成一种积极的预防文化——居安思危、有备无患。我们传统文化对病灾较为忌讳，但也有一些积极元素：比如说未雨绸缪、防患于未然等。当前可以通过积极开展应急科普、培育安全文化、进而开展安全安心社会建设，让公众更有安全感、幸福感与获得感。

应急管理科普是应急管理事业的重要组成部分，是常态的基础性工作。不断提高全民科学素质，是实现科技强国和"两个一百年"奋斗目标的群众基础和社会基础，也是推进新时代应急管理事业现代化的力量源泉。应急科普的作用一方面可以增强老百姓的应急意识，保护自己生命安全；另外一方面更加能支持理解应急管理部门以及政府部门的工作决策，对于应急管理系统工作的开展具有积极重要的作用。

"十四五"时期及更远的将来，我国经济社会发展必须遵循：坚持以人民为中心。生命至上，人民至上。安全是人民安全需求的重要方面，是人民美好生活需要的重要组成部分。应急科普必须紧密围绕经济社会发展和人民群众需求，不断丰富工作内涵，创新科普方式，挖掘科普资源，打造科普精品，构建科普新格局，提高科普服务能力，推进新时代应急科普事业现代化建设。

## 二、应急科普要重视智库建设

智库（也称思想库）作为一种社会组织是特指稳定的，相对独立的政策研究机构，其研究人员运用科学的研究方法对广泛的公共政策问题进行跨学科的研究，并在与政府、企业及大众密切相关的政策问题上提出咨询建议[1]。可见，智库并非单纯的理论研究机构，主要是为决策咨询服务，从而达到影响政策、服务社会的功能。智库的依托主体可以分为分布于各级事业单位中的公办研究机构、大学科研院所、私营社会组织等。智库研究工作可以分为基础性研究、应用型研究与决策咨询性研究。智库研究课题内容可能为跨部门、跨学科内容，智库既是专业知识库又是高级人才库，因此需要海纳百川、百家争鸣，选取学有建树、有代表性的专家学者纳入。科普智库也是科学知识与公共政策之间的重要桥梁，其研究选题要关注民生、关注社会发展与国际动态，做好服务政府与服务社会的平衡，从而服务政府决策、重视公众参与，缓解价值观冲突、推进政策实施与落地等方面。

应急科普智库具有重要作用，如专家发声能在关键时候一锤定音、科学辟谣；能在平时的科普资源库建设中起到积极作用；推进相关研究促进学科发展、为相关部门提供决策咨询及依据；更能在日常的科普活动中提高全民的应急科学素质。不难看出，应急科普智库建设可以从一个维度反映科普智库建设的重要价值。

## 三、科普智库的建设与发展

科普智库建设要解决谁来做、做什么、如何做的问题，以下结合应急科普实践，分析之。应急科普智库要多学科专家参与、汇聚各方资源，构建"平时—战时"工作机制、形成政府、专家、媒体三个维度合力，形成应急科普长效机制。

### 1. 谁来做

现阶段，四类突发公共事件分属不同部门管理，随着经济社会发展，公众对健康、安全更为关注，公众需要的应急科普应该是系统的、立体的、全方位的，不是仅仅存在于一个领域，一个部门不能涵盖四大类突发事件应急科普的所有内容，应急科普工作需要多部门合作，内容需要有机整合。更进一步讲，仅就应急管理系统而言"应急科普"内容不应分散于消防、地震、民政救灾等系统，条块分割，这不利于落实中央综合减灾、关口前移的精神，也不利于落实全民科学素质行动纲要，更不利于推进应急管理事业改革发展。"十四五"规划及后续规划项目应该整合应急科普宣传教育内容，如安全生产、地震、消防、森林消防、矿山安监等宣传内容，并开展顶层设计、持续推进，整合应急科普宣传教育资源，提升全民应急科学素质。

开展国家应急科普能力建设。研究、颁发相关的文件、制度与管理办法，成立相关的议事机构，开展应急管理科普工作。重视应急科普研究工作，在研究的基础上提出相关政策建议。国家层面，我们急需建立国家应急科普体制机制，成立专门机构或委员会，将应急科普纳入突发事件应对应急预案与体系；遴选专家，组建研究与传播团队，探索政府－专业人士－媒体高效沟通合作的应急科普传播机制，建立权威发声通道、平台，提高传播效率，铲除谣言产生的土壤，提升公众应急安全科学素养，维护社会安全稳定。

开展应急科普顶层设计与多方协同并举。应急科普顶层设计应由指定部门主导、相关部门协同、全社会参与。条件允许的情况下，适时成立应急科普研究机构。推进应急科普体制机制建设，建立完善有关宣教机构、研究院所上下沟通联动机制，形成政府、部门、行业、企业各方共同参与的应急科普传播体系。应充分发挥中国科协下属科普研究所的作用，加强与各级工会、共青团、妇联等群众团体的协调，实现资源共享、分工协作，提高应急科普影响力。现阶段，要充分认识应急科普长效机制构建的重要性、必要性和紧迫性。建设与完善涉及应急科普政策法规体系；整合分散在各专项应急法律法规、规章和制度中的应急科普内容；研究应急科普纲要；构建各部门各地方大联合大协作的长效机制，强化政策、经费、人才保障。同时，应创新公民安全科学素质建设的评估方法，完善公民安全科学素质调查体系。

### 2. 做什么

建立健全突发事件应急科普长效机制。制定应急科普预案和工作实施方案，建立组织体系，实行平战结合、点面结合、专群结合的运作机制，逐步建立和不断完善突发公共事件应急科普工作长效机制。

培育应急科普队伍、繁荣应急科普创作。建议各级科协、应急管理部门组建一支包含策划、创作、制作、传播、研究和管理等方面人才的应急科普研究团队，加大经费支撑和工作探索力度，总结文化培育经验，培养科普传播人才。整合科普资源、繁荣科普精品创作，推进应急科普供给侧、需求侧改革。同时，尽快制定人才专业发展、考核评价指标体系和激励措施；积极表彰在应急科普工作中做出突出业绩的部门、团体和个人，大力鼓励专兼职工作者干事创业。健全专兼职的应急科普队伍。积极组织开展应急科普相关业务培训，改进方式、方法，提高应急科普创作与传播工作的质量和水平。

在全国范围内形成一批专业化的应急科普资源开发、传播机构，丰富应急科普资源供给。在整合、开发应急科普资源的基础上，充分运用现代信息技术，建立网络应急科普云，推动网络应急科普资源的共享。同时，充分发挥应急安全、减灾、消防等科普体验场馆的重要作用。

多方参与应急科普机制构建。充分调动社会力量、公众参与的积极性，利用新技术，充分调动社会力量参与的积极性，研发、推广相关科普产品、文创产品，让科普更有生命力。比如，预警系统与相关软件的结合绑定，做好信息发布的同时，开展相关科普工作；做好相关的应急科普传播服务以及评估工作；做好新技术充当科普内容创作的技术支撑，繁荣科普创作，实现社会效益和经济效益的双赢。

开展理论研究、重视产业培育。不断提高应对突发事件的应急科普专业化水平。开展深入的理论研究，建立专家信息库，组织各行各业的专家、学者和专业技术人员加入应急科普队伍。结合理论研究、实地调研和数据收集，弄清四大类突发事件领域应急科普能力建设现状与问题，开展国际比较，进而开展应急科普建设政策、对策研究。如开展应急科学素质检测。依托防灾素养区域、年度跟踪检测来调研应急科普工作的绩效。除理论研究之外，也应重视应急科普产业培育。

### 3. 如何做

动员公众参与筑牢人民防线。公众参与泛指普通民众为主体参与，推动社会决策和活动实施等。应急科普工作要走群众路线，群防群治，筑牢群众防线。比如政府部门协作配合、各司其职，将媒体、学会、非政府组织、应急科普基地纳入应急科普与安全文化培育体系。推进应急科普进企业、进农村、进社区、进学校、进家庭，增强全民安全意识和安全素质。针对不同自然灾害的特点，因地制宜，组织多种形式的防灾减灾和公共安全科普宣传活动，提高公众应急避险、自救互救能力。做好地震、气象、火灾、洪灾、台风等灾害预警等方面科普工作，使社会公众了解预警信号、防御指南等气象防灾减灾和自救互救常识。加强校园安全文化建设，推动安全知识进课堂，将安全知识的普及纳入国民教育序列，在中小学开设安全应急类课程，在高等院校开设安全文化知识和应急管理选修课程。积极开展应急科普公益宣传活动，增强公众安全意识和自救互救能力。

充分发挥相关协会及专家智库的作用。如发挥中国科普作家协会应急安全与减灾科普专委会及相关协会的作用，通过召开研讨会、开展相关科普创作能力提升的培训，解决科普产品低水平、重复建设的问题，培育一大批科普精品，多平台推广，实现资源共享，惠及全体公众。同时，可以开展公益应急科普大讲堂活动，现场互动、答疑解惑，提升公众应急科学素质。同时，充分调动应急科普从业人员积极性，壮大人才队伍；设置相关的课题、奖励以及职称制度。一方面鼓励专业人员做科普，另一方面鼓励设立专职科普人员，不断实现专业发展。

关注落后地区、关注弱势群体。现在应急科普资源应该多样化、均等化，不能仅仅只有网络化产品，而应该考虑受众需求；不能仅仅覆盖城市，而应该多向老少边穷地区辐射。同时，科普场馆主要集中在城市、经济发达地区。落后地区同时也是灾害易损地区，基础设施建设缺乏维护、公众防灾素养不高，更要注重因地制宜、因人制宜、因时制宜地开展应急科普工作。

加强国际交流助力水平提升。建设中国特色应急科普智库，既需要结合中国国情，也需要学习借鉴其他国家的经验。通过开展国际交流活动掌握国际话语权，提供中国智慧和解决方案、提高国际影响力。

# 参考文献

Paul Dickson. Think Tanks. New York：Atheneum，1971.
张英. 建立健全应急科普长效机制［J］. 中国应急管理，2020（06）：13-14.
王明，郑念. 建立国家应急科普机制势在必行［N］. 北京科技报，2020-03-09（S04）.
薛澜. 智库热的冷思考：破解中国特色智库发展之道［J］. 中国行政管理，2014（05）：6-10.

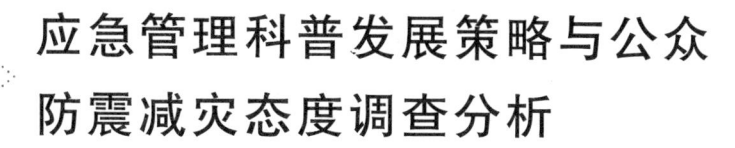

# 应急管理科普发展策略与公众防震减灾态度调查分析

2003年"非典"事件特别是2008年汶川特大地震之后,应急科普越来越受到社会的重视,2005、2006年国家接连出台《应急管理科普宣教工作总体实施方案》《关于全面加强应急管理工作的意见》等文件,要求各地、各部门加强应急管理科普宣教工作。2018年,应急管理部组建之后,学术研究范畴的"应急管理"演变为一个行业、一个领域与一个系统,应急管理战线更为受到社会关注与重视,为了更好地开展后续工作,应急管理及应急管理科普的概念需要梳理重构。应急管理科普宣传教育取得显著成效,应急管理科普也存在以下问题:尚未形成系统合力,资源平台尚需整合;缺乏科普精品创作,人才队伍尚需培育;权威科普平台、品牌活动尚需打造;科普基地尚未纳入体系,分级分类管理尚需理顺。而最为突出的是,大规模的公众应急安全科学素质调查尚未开展,系列研究缺乏基础数据支撑。

应急管理科普宣传工作,对于增强公众的公共安全意识、社会责任意识和自救、互救能力,提高各级组织的应急管理水平,最大程度地预防和减少突发公共事件及其造成的损害,具有十分重要的意义。进入新时代,需要更加重视应急管理科普工作,面临新形势、摸清新情况、聚焦新问题,

---

本文作者张英,部分内容已于2020年发表于《现代职业安全》。

扎实开展应急管理特色文化建设和科普宣传工作，积极开展公众服务，有必要开展相关调研、调查工作，继续推动应急管理科普宣教工作高水平、跨越式发展。

（1）加强应急管理科普工作是落实习近平总书记应急管理重要论述的必然要求。防灾减灾救灾、安全生产、应急救援等应急管理领域事关人民生命财产安全，事关社会和谐稳定。做好新时代应急管理科普工作，必须以习近平总书记防灾减灾救灾、安全生产、应急救援等应急管理重要论述为指导，坚持以人民为中心的发展思想，更加注重灾前预防，更加注重综合减灾，更加注重灾害风险管理，更加注重发挥市场机制和社会力量作用，坚定不移践行安全发展理念，强化安全红线意识，科学防范安全风险，全面增强公众的应急管理知识和风险防范意识，切实提升应急避险和自救互救、防患化解事故风险能力。

（2）加强应急管理科普工作是落实习近平总书记科学普及重要论述的必然要求。应急管理科普是应急管理事业的重要组成部分，是常态的基础性工作。不断提高全民科学素质，是实现科技强国和"两个一百年"奋斗目标的群众基础和社会基础，也是推进新时代应急管理事业现代化的力量源泉。做好应急管理科普工作，必须以习近平总书记科学普及重要论述为统领，大力普及应急管理科学知识，弘扬应急管理科学精神，传播应急管理科学思想，倡导应急管理科学方法，掀起应急管理科普热潮，提升公众应急管理科学素质，为全面提升应急管理综合能力奠定坚实基础。

（3）加强应急管理科普工作是做好新时代应急管理工作的必然要求。安全是人民安全需求的重要方面，是人民美好生活需要的重要组成部分。中国特色社会主义进入新时代，党中央、国务院对应急管理提出更高要求，人民群众对安全的期待更加迫切，人民对美好生活需要与应急管理事业不平衡不充分发展之间的矛盾已经成为应急管理事业发展的主要矛盾。作为应急管理工作的重要基础环节，应急管理科普必须紧密围绕经济社会发展和人民群众需求，不断丰富工作内涵，创新科普方式，挖掘科普资源，打造科普精品，构建科普新格局，提高科普服务能力，推进新时代应急管理科普事业现代化建设。

防灾减灾理应成为生态文明建设应有之义，防灾减灾工作是可持续发展战略的重大课题，防灾减灾目标的实现在很大程度上依靠防灾减灾、安全文化的发展。今后要站在生态文明的高度处理人与人、人与自然的关系，以新时代防灾减灾、安全生产思想指引应急管理工作，健全国家应急体系，提高防灾减灾救灾能力。加强安全生产，防范遏制重特大事故。把安全生产、防灾减灾工作融合于应急管理大局。减灾安全科普宣教工作的价值就在于提高公众防灾素养，培育安全文化，建设安全安心社会。

## 一、调查背景及实施

当前，我国正经历着人类历史上速度最快、规模最大的城镇化进程，城市各种复杂的风险问题不断涌现，如何建立健全公共安全治理体系，是当前迫切需要研究和解决的问题，社会韧性是韧性城市重要的组成方面，韧性城市建设的基础之一就是搞清楚公众的防灾素养现状水平，增强民众意识。

做好灾前、灾中、灾后的各项防灾减灾工作，不断提高社会韧性，以实现城市可持续发展。笔者抛砖引玉提出校园韧性度评估指标（表1），不仅仅关注建筑质量安全，防灾减灾系统中各个要素、环节都需要纳入其中，可以供韧性校园试点调查参考[1]。

表1　校园韧性度评估指标

| 校园韧性度 | 师生防灾素养水平 | 防灾知识 | 灾害认知 |
| --- | --- | --- | --- |
| | | | 防备知识 |
| | | | 应变知识 |
| | | 防灾技能 | 准备行动 |
| | | | 应变行为 |
| | | 防灾态度 | 防灾警觉性 |
| | | | 防灾价值观 |
| | | | 防灾责任感 |

续表

| | | | |
|---|---|---|---|
| 校园韧性度 | 环境系统 | 社会环境 | 人口数量 |
| | | | 是否开展过防灾减灾培训活动 |
| | | | 受训比例 |
| | | | 当地医院应急处理能力 |
| | | 经济环境 | 当地居民人均收入 |
| | | | 当地国民生产总值 |
| | | | 城市化水平 |
| | | | 工业化水平 |
| | | | 三大产业比例 |
| | | 自然环境 | 地震地质构造背景 |
| | | | 地震风险 |
| | | | 抗震设防等级 |
| | 应急设施及信息沟通 | 应急避难疏散 | 人均应急避难场所面积 |
| | | | 应急避难场所通达性 |
| | | | 信任程度 |
| | | 防灾设施与装备 | 每千人病床数 |
| | | | 专业救援人员数量 |
| | | | 每千人消防车数 |
| | | | 应急救护受训人数 |
| | | | 每千人拥有收音机数 |
| | | 信息沟通 | 地震信息发布 |
| | | | 媒体灾害报道 |
| | | | 应急处置机制 |

2018年中国公民科学素质建设报告显示：2010年至2015年，公民科学素养年平均增长率为0.59%，2015年至2018年，公民科学素养年平均增长率为0.76%。2018年，中国公民具备科学素质的比例为8.47%，北京公民具备科学素质的比例为21.48%[2]。

灾害意识与防灾素养是衡量一个国家或地区文明进步程度的一种标识，目前，国内尚无大规模的防灾素养调查项目实施。防灾素养是指公民具备的防灾减灾知识、能力与态度。具体包括防灾知识、防灾技能与防灾态度三个层次，增强公民的灾害意识与防灾素养是灾害教育的核心。汶川等特大地震发生后，在一定程度上唤醒了民众对灾害议题及防灾减灾工作的关注，增强了其意识与素养，但是民众防灾素养水平究竟如何？如何提高？这些问题亟待回答。有研究者指出我国公民灾害意识淡薄，这仅仅是推论，没有调查依据难以使人信服。张英等学者开展了师生防灾素养调查，指出现阶段师生的防灾态度较为积极，但防灾知识与技能亟待提升[3]-[5]。

## 1. 调查内容

通过中国知网检索关键词：防震减灾素养，显示全民防震减灾科普素养方面的研究较少。本次调查以北京市朝阳区、大兴区为例，开展了居民防震减灾科学素养抽样调查，其是应急安全素养的重要组成部分，具体内容指标，见表2。

表2　北京市居民防震减灾态度抽样调查指标

| | | |
|---|---|---|
| 防震减灾态度 | 可信度 | 什么情况下会关注地震信息？<br>地震后，专家的解读您是否可信？ |
| | 支持度 | 设立应急避难场所是否有必要？ |
| | 参与度 | 您是否愿意作为志愿者参与防震减灾工作？ |
| 背景和基础信息 | | 性别、年龄、学历、职业 |

## 2. 调查对象样本分布情况

本次研究最终完成789个样本量，各城区不同街道样本量分布，见表3。

表3 北京市居民防震减灾科学素质抽样调查执行样本量

| 城区 | 街道 | 执行样本量 | 街道 | 执行样本量 |
|---|---|---|---|---|
| 朝阳区 | 安贞街道 | 35 | 双井街道 | 40 |
| | 大屯街道 | 38 | 太阳宫地区 | 35 |
| | 和平街街道 | 35 | 亚运村街道 | 35 |
| | 劲松街道 | 38 | 朝外街道 | 36 |
| | 三里屯街道 | 39 | 小关街道 | 35 |
| | 十八里店地区 | 38 | — | — |
| | 总计 | 404 | | |
| 大兴区 | 博兴街道 | 55 | 西红门镇 | 54 |
| | 黄村镇 | 55 | 兴丰街道 | 55 |
| | 清源街道 | 56 | 林校路街道 | 56 |
| | 天宫院街道 | 54 | — | — |
| | 总计 | 385 | | |

### 3. 样本人口结构

本次研究调查对象覆盖北京市抽样城区各年龄段的常住居民（居住时间满1年及以上）。调查对象的性别、年龄分布与北京市居民人口结构分布一致。

(1) 男女占比基本持平，男性占比略多。

本次调查的受访者男女性别占比基本持平，男性略多，占比为50.8%，女性占比为49.2%。

(2) 样本覆盖各年龄段，青年群体占比较多。

本次调查的受访者多为青年人（44岁及以下），占比为57.4%，中年人（45～64岁）占比为32.2%；老年人（65岁及以上）的占比为9.1%，具体分布如图1。

(3) 样本覆盖各学历群体，大学学历群体占比较多。

本次调查的受访者学历为大学及以上的人占比为50.1%，高中（中专/技校）学历的人占比为25.1%，初中及以下学历人群占24.5%，具体分布如图2。

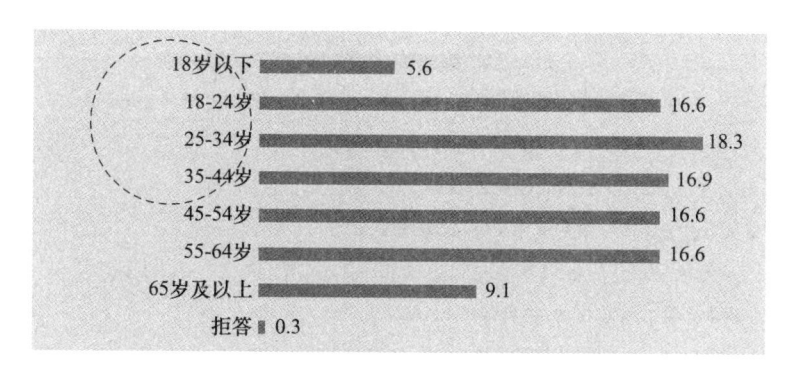

```
18岁以下     5.6
18-24岁     16.6
25-34岁     18.3
35-44岁     16.9
45-54岁     16.6
55-64岁     16.6
65岁及以上   9.1
拒答         0.3
```

图1　年龄分布（%）

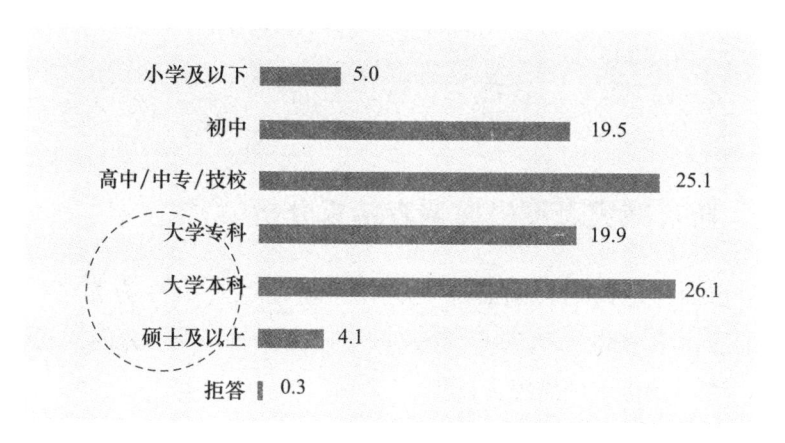

```
小学及以下       5.0
初中            19.5
高中/中专/技校   25.1
大学专科        19.9
大学本科        26.1
硕士及以上       4.1
拒答            0.3
```

图2　学历分布（%）

（4）样本覆盖多职业群体，企业人员占比较多。

本次调查的受访者覆盖多职业群体，其中企业人员占比31.2%，离退休人员占比21.2%，其他职业群体占比均在10%及以下，具体分布如图3。

## 3. 调查方法

本次研究采用PAD拦截访问的调查方法。访问员在抽样调查小区手持PAD进行流动拦截，对拦截后符合条件的人员进行访问。拦截访问的优点是可以短时间内接触大量受访者，效率较高，即时访问，公众反馈清晰。

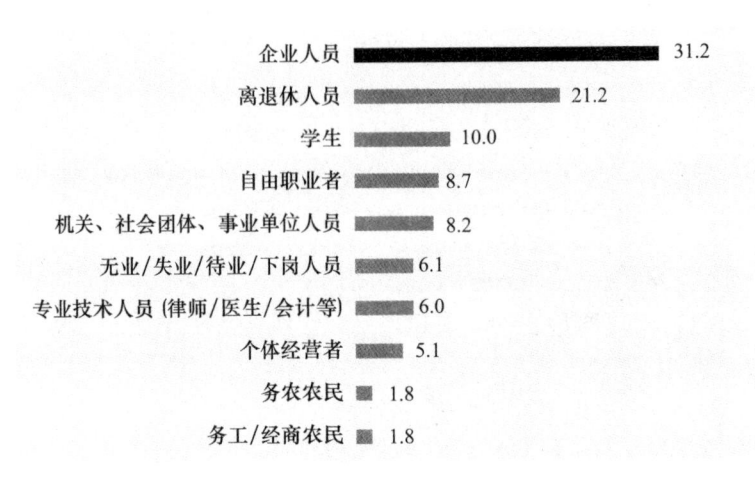

企业人员 31.2
离退休人员 21.2
学生 10.0
自由职业者 8.7
机关、社会团体、事业单位人员 8.2
无业/失业/待业/下岗人员 6.1
专业技术人员(律师/医生/会计等) 6.0
个体经营者 5.1
务农农民 1.8
务工/经商农民 1.8

图3 职业分布(%)

## 二、防震减灾态度层面调查结果分析

北京市抽样地区居民防震减灾科学素质的综合得分为 62.70 分，有 57.8% 的居民素养得分达到 60 分及以上，其中 60~80 分的居民占比为 41.4%，80 分及以上的居民占比为 16.4%。

同时，从年龄结构来看：达标人群年龄集中 44 岁及以下，占比 54.8%；从教育背景来看，达标人群学历为大专及以上，占比 53.5%。由此可见，今后相关科普应该重点关注弱势群体，如老弱病残孕、学历较低人群，进而提升社会整体防灾素养。

调查主要了解公众对防震减灾工作的态度，分为信任度、支持度与参与度，分析维度如下：

### 1. 信任度

在对防震减灾可信度指标的调查中发现，33.1% 的居民平时会关注地震信息，62.0% 的居民是在地震发生后才引发对地震信息的关注（图4）；另，66.5% 的居民认为地震局专家的解读可信，仍有 33.5% 的人对专家解读持怀疑态度（图5）。可见，大部分居民会关注地震信息，地震局专家解读的可信度还有待提升。从各题的均值得分可以看出，受访者在地震相关信息可信度层面的均值得分为65.30分；受访者在什么情况下会关注地震信息方面的均值得分为64.07分；地震局专家解读可信度方面的均值得分为66.54分。可见，受访者对地震局专家的信息解读信任度相对较高。

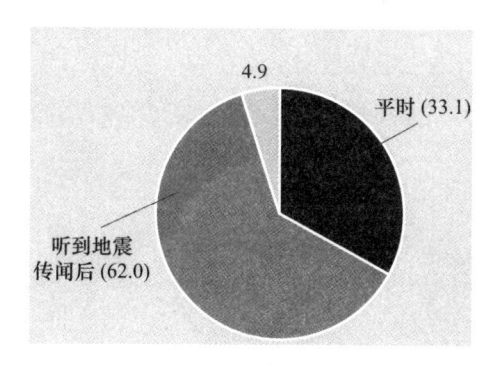

图4 什么情况下会关注地震信息（%）

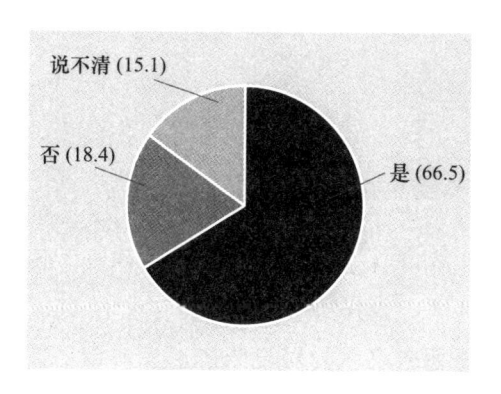

图5 地震局专家的解读是否可信（%）

从各题的达标人数占比可知，受访者在地震相关信息可信度方面达到基本素养的占比为64.6%，其中关注地震信息方面达标的受访者占比为33.1%，地震局专家解读可信方面达标的受访者占比为66.5%。可见，大众对地震信息关注的及时性、专家解读地震信息的可信度方面还有很大的提升的空间。

### 2. 支持度

在对防震减灾工作支持度指标的调查中发现，97.1%的受访者认为有必要设立应急避险场所，且受访者在设立应急避难场所是否有必要方面的均值得分为 97.08 分，达到基本素养，说明受访者对于防灾减灾工作的支持度较高，公众更加注重实用性，有服务才有需要，更有存在价值。

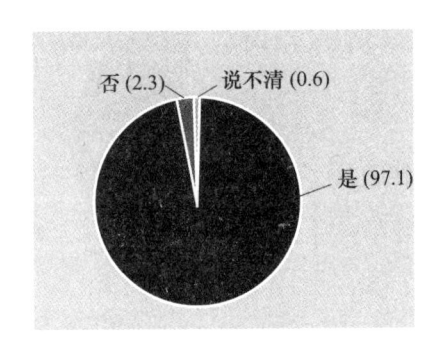

图 6  设立应急避难场所是否有必要（%）

### 3. 参与度

在对防震减灾参与度指标的调查中发现，75.9%的受访者愿意成为志愿者参加防震减灾工作，且受访者在是否愿意作为志愿者参与防震减灾工作方面的均值得分为 75.92 分，达到基本素养水平（60 分），说明，公众参与防震减灾工作的意愿较高。公民充当志愿者参与防震减灾科普活动，是公众社会参与的重要手段与途径。

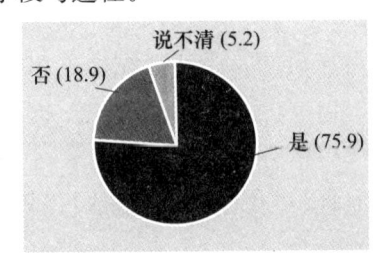

图 7  您是否愿意作为志愿者参与防震减灾工作（%）

## 三、几点思考

综合以上分析结果可以看出,在公众的防震减灾态度方面,公众支持和参与防震减灾活动的意愿较高,尤其是工作支持度均值得分(97.1分)为此次问卷调查最高得分,说明公众对防震减灾工作持积极态度。此外也应看到,1/3的居民对地震局专家的解读持怀疑态度,说明地震系统在建立权威、可信的部门形象过程中,宣传和科普在正确性、准确性和科学性上把握还不够严谨,一旦发生舆情事件,负面影响不易挽回,地震部门仍需进一步强化自身建设。另外,参与度均值得分达到了75.9分,为今后加强志愿者工作提供了可靠数据,通过大力发展志愿者参与防震减灾工作的思路值得探索。

我国是世界上自然灾害种类最多的国家,灾害种类多样、发生频次高、造成损失重。近年来,公众防灾素养不断提升。一方面,防灾减灾科普宣传教育可以不断提升公众防灾素养,培育安全文化,构建安全安心社会;另一方面,公众防灾素养提升后,更加容易理解、支持防灾减灾工作。近年来,公众防灾素养不断提升,社会参与参与社会氛围逐渐形成。

新时代亟须构建具有国际观瞻、本土情怀的中国应急管理文化体系,培育安全文化孕育的土壤。丰富安全文化内涵对推进我国文化建设、社会建设、生态文明建设具有重大意义。我们需要不断地从灾害中吸取教训,通过开展安全文化建设,普及防灾减灾救灾、安全生产、应急救援等应急管理知识,增强社会公众的防灾素养,推进传播能力建设,提高国家减灾安全文化软实力。

### 1. 开展顶层设计,颁布科普规划纲要

相关部委实践做法:

(1)生态环境部。2002年,原国家环境保护总局联合科技部印发《关于加强全国环境保护科普工作的若干意见》。2006年,联合印发《国家环保科普基地申报与评审暂行办法》。2015年,环境保护部、科技部、中国科协

印发《关于进一步加强环境保护科学技术普及工作的意见》。2017年，环境保护部办公厅印发《"十三五"环保科普工作实施方案》。

（2）自然资源部。2004年，原国土资源部联合科技部联合发文《国土资源科学普及行动计划纲要》。2009年，国土资源部办公厅印发《国土资源科普教育基地推荐及命名暂行办法》。2011年，原国土资源部联合科技部联合发文《"十二五"国土资源科学普及行动计划纲要》。2016年，原国土资源部联合科技部联合发文《"十三五"国土资源科学普及行动计划纲要》。

（3）中国气象局。2008年，中国气象局联合科技部印发《关于加强气候变化和气象防灾减灾科学普及工作的通知》。2014年，中国气象局、中国气象学会关于印发《全国气象科普教育基地管理办法》。

（4）中国地震局。2012年，中国地震局、中宣部印发《关于进一步做好防震减灾宣传工作的意见》。2014年，中国地震局、科技部印发《关于进一步加强防震减灾科普工作的意见》。2015年，中国地震局、国家民委、中国科协印发《关于加强少数民族和民族地区防震减灾科普工作的若干意见》。2016年，中国地震局印发《关于进一步加强防震减灾科普工作的指导意见》。2016年，中国地震局印发《国家防震减灾科普教育基地认定管理办法》《国家防震减灾科普示范学校建设指南》。2018年，应急管理部、教育部、科技部、中国科协、中国地震局印发《加强新时代防震减灾科普工作的意见》。

综上可见，各部委一般是先联合或者单独印发科普规划或者加强科普工作意见，之后印发行业科普基地管理办法。生态环境部、自然资源部还配有"十二五"、"十三五"行业科普发展规划。这些经验可以为应急管理部门借鉴。

## 2. 关注弱势群体，均衡科普资源分布

大应急背景下，如何把科普宣传、新闻宣传与法规宣传相融合，构建科学、系统的宣教大格局；如何有机整合安全生产宣传教育，防灾减灾、应急科普内容体系；如何把防灾减灾科普教育与学校安全教育、与社会、经济发展相融合等问题值得探究。同时，需要构建全媒体的平台，不断整

合资源内容，实现资源共享，配以多种形式的活动，惠及公众。

现阶段，调研显示，无论从资金投入还是科普人才分布上来看，应急科普存在城乡发展不均衡的问题；同时，我们说减灾教育要关注弱势群体、关注脆弱性，更加要关注基层、关注乡村等容易被忽视的地方。积极加大农村地区防震减灾科普经费投入，从自然灾害防治角度开展灾前预防科普工作；用好科技、科协系统的科普传播平台，建立健全农村防震减灾科普传播渠道，助力精准扶贫；开展精准科普，着力解决小城镇、城郊结合部、农村等地区公众科普服务不足等问题。

### 3. 强化公众参与、发挥科普阵地作用

让公众理解防震减灾，进而理解防震减灾工作绝非易事。我们可以通过在科普宣传过程中，淡化宏观异常宣传，降低公众对地震短临预报的期望；加强应急避难场所相关工作内容，让公众熟悉周边熟悉的应急避难场所。公众能知道"地下清楚、地上结实"的真实含义，进而实现"公众明白"。

切实改变重建设轻管理的老套路、老做法，建立示范创建评价标准和考评、奖励、退出机制，加大对示范创建单位的服务力度，加强科普产品供给，注重为示范创建单位提供发展资源，加强教育培训，增强示范创建单位的辐射能力和社会影响力，更加有效发挥科普阵地作用。

鉴于科普教育基地的重要意义，应积极推进场馆立项建设工作。我们要学会与灾害风险共处，目前缺乏与首都功能、世界城市地位相匹配的防灾减灾教育类场馆；公众普遍存在防灾素养偏低的问题，公众意识亟待提升；加之北京流动人口众多，首都辐射和带动作用巨大，项目建成后可以惠及全国乃至世界。利用北京城市副中心建设契机，谋划布局灾害教育类场馆，既是造福首都公众的惠民工程，又可提升城市副中心软实力，同时还能发挥北京科普资源的辐射和带动作用，惠及京津冀地区乃至全国的公众，甚至可以成为对外交流的文化名片，实现中华优秀的防灾文化对外输出。

### 4. 健全评价机制，加大人才培养力度

为提升可信度，解决科普专业性、产出科普精品等问题：建议各级应急管理部门组建一支包含策划、创作、制作、推广、宣传、研究和管理等方面人才的应急管理科普团队，加大经费支撑和工作探索力度，总结科普经验，培养科普人才。尽快制定科普人才考核评价指标体系和激励措施，将应急管理科普人员专业技术工作纳入日常考核和职称评审指标体系；积极表彰在科普工作中做出突出业绩的部门、团体和个人，大力鼓励专兼职科普工作者干事创业。

通过政策引导，鼓励科技工作者积极参与科普工作，适时采取强制要求，大力推进科研成果科普化，切实保障科研成果成为科普产品的源头。借助科普教育基地、示范校、综合减灾示范社区及各类社会组织，发展壮大科普志愿者队伍，加大对各级各类志愿者的防震减灾科普教育培训力度。按照国家有关规定制定出台奖励措施，对在科普工作中作出突出贡献的集体和个人给予表彰奖励。

# 参考文献

[1] 张英．中小学校舍的抗震兼顾与韧性建设略谈．中国减灾，2019，11：20-25.

[2] 中国科普研究所．《2018年中国公民科学素质建设报告》[R]．2019.

[3] 张英，王民．我国部分省市高中生防灾素养调查研究[J]．科普研究，2014，9（6）：52-60.

[4] 张英，王民，李斐，等．我国部分省市初中生防灾素养调查研究[J]．灾害学，2012，27（2）．

[5] 张英．中学师生防灾素养调查分析及课程教学策略研究[D]．北京：北京师范大学，2012.

# 公共安全教育基地运维情况分析及建议

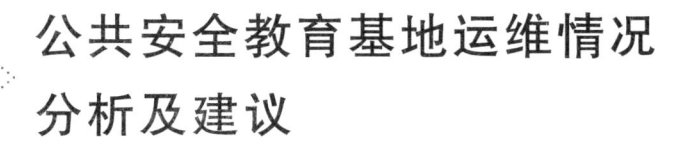

近年来，北京市一些政府部门、企业及社会组织自发性地借助部分公共资源，陆续建立了一批规模不同、类别不同、形式多样的安全教育体验场所。北京市相关部门借鉴深圳、上海等地经验，制定印发了《北京市公共安全教育基地分类分级评估标准》，对全市已建成的公共安全教育基地开展分类分级评估，不断引导基地向规范化、专业化方向发展。

## 一、公共安全教育基地概况

经调研，全市公共安全教育基地2023年对外平均开放259天、平均接待人数为18682人，进馆参观群体主要为辖区内社会公众、在校学生和企事业单位工作人员；各基地专职讲解员平均为16人、兼职讲解员平均为8人。主体面积为1000平方米以下的基地有19家，占比为38.0%，主体面积为1000～10000平方米的基地有25家，占比为50.0%，主体面积为10000平方米以上的基地有6家，占比为12.0%。具有稳定项目支持或项目收入的基地有13家，占比为26.0%。2023年全市公共安全教育基地运营管理支出

---

本文作者刘友强、周圆、张英、李勤智、张洁（北京市应急管理科学技术研究院），2024年发表于《中国减灾》。

费用平均为 171.3 万元，2024 年预计投入运维费用平均为 183 万元，中位数为 30 万元。具体数据分析如下。

（1）基地出资建设情况。目前，通过单位自主申报、推荐部门筛选、专家综合评估的方式，全市共有公共安全教育基地 50 家。财政拨款建设的公共安全教育基地共 25 家，占基地总数的 50.0%；中央企业出资建设 3 家，占基地总数的 6.0%；市、区属企业出资建设 7 家，占基地总数的 14.0%；民营企业及个人出资建设 15 家，占基地总数的 30.0%。

（2）基地管理单位性质。市、区部门管理 3 家，占比为 6.0%；乡镇街道管理 17 家，占比为 34.0%；中央企业管理 3 家，占比为 6.0%；市、区属国有企业管理 7 家，占比为 14.0%；事业单位管理 2 家，占比为 4.0%；高等院校管理 3 家，占比为 6.0%；民营企业自主管理 14 家，占比为 28.0%；社会组织管理 1 家，占比为 2.0%。

（3）基地评估等级。综合类一级基地 9 家、二级 10 家、三级 4 家，专项类基地 27 家。根据调查数据，基地的面积存在较大的差异。最小的基地面积仅为 225 平方米，而最大的基地面积则达到了 33000 平方米。这种面积的差异可能反映了基地的规模、功能以及所服务的社区或组织的不同需求。大多数基地的开放天数在 200 天至 365 天之间，平均开放天数为 268 天。基地年接待人数数据范围广泛，从最小的 200 人到最大的 22 万人不等。

（4）基地主要参观人群与稳定客源。参观基地的主要人群涵盖了多个社会阶层和年龄段，包括校内师生、社会大课堂学生、企事业单位人员、社区居民等。其中，学校师生是参观基地的重要群体，他们通过参观基地可以更好地了解安全知识，提高自我保护能力。社区居民是参观基地的重要力量，他们通过参与基地活动可以增强安全意识，提高自我防范能力。企事业单位人员也是参观基地的重要人群之一，他们通过参观基地可以了解安全知识，提高安全管理水平和自我防护技能。同时，基地也面向驾驶员、交通参与者、儿童等群体开展安全教育活动，以提高他们的安全意识和防范能力。总体来说，参观基地的主要人群非常多样化，这也说明了基地在普及安全知识、提高公众安全意识方面发挥着重要作用。

基地外出培训次数与覆盖人数。外出培训的场次从最少的 2 次到最多的

300余次不等，覆盖人数也从最少的百余人到最多的10万人次不等。这种多样性表明不同机构或组织在培训方面的需求和规模存在显著差异。

大多数基地都具备一定的稳定客源。这些客源主要包括校内师生、社会大课堂学生、企事业单位人员等。其中，拥有社会大课堂资质或作为多家企业及学校的定点教育基地的基地，通常会有较为稳定的客源。此外，一些基地还会承接企业培训、消防预约平台开展的安全培训等，这也为基地带来了稳定的客源。然而，也有部分基地并不具备稳定客源，这可能与市场环境、宣传不足等因素有关。对于这些基地，需要加大宣传力度，提高知名度，拓展客源渠道，从而吸引更多的参观者和培训学员。

（5）基地运营收入与经费预算。经调研，北京市公共安全教育基地2024年预计投入运维费用中位数为人民币30万元。基地的收入来源多种多样，包括政府拨款、学校预算、培训费、门票收入、企业自筹等。尽管一些基地能够获得稳定的政府拨款或学校预算支持，但仍有相当一部分基地存在资金缺口，需要通过其他方式筹集资金以维持运营。这些资金缺口可能是由于基地的建设和运维成本较高，或者参观人数和培训学员数量不足，导致收入不足以覆盖支出。

对于存在资金缺口的基地，他们可能需要寻求外部资金支持，如政府补贴、企业赞助等，或者通过提高服务质量、扩大宣传、增加收入来源等方式来改善资金状况。同时，一些基地也与企业合作，通过开展安全培训等方式来增加收入，但这些收入可能不够稳定，难以完全填补资金缺口。

另外，值得注意的是，一些基地采用公益性免费的方式提供服务，这些基地通常依赖于政府拨款或社会捐赠等方式来维持运营。这些基地在提供公共安全教育服务方面发挥了重要作用，但也需要更多的社会关注和支持，以确保其能够持续、稳定地运营下去。

（6）基地所获项目支持情况。从调查数据中可以看出，基地的项目支持情况呈现出较大的差异。部分基地能够获得学校预算支持、财政项目拨款等稳定的项目支持，这些支持为基地的运维和发展提供了重要的保障。同时，一些基地与基层应急管理局等政府机构合作，获得了政府主持的项目支持，这些项目通常具有一定的稳定性和持续性。然而，也有许多基地缺乏稳定的项目支持，这些基地主要依赖于自身的运营收入，缺乏外部的资金和资源支持。这种情况下，基地的发展可能会受到一定的限制和影响。另外，一些基地通过与企业合作、购买服务等方式获得了项目支持，这些支持虽然可能不够稳定，但也能为基地的运维和发展提供一定的帮助。

（7）基地运营面临的困难与发展前景。一是资金问题。首先，设备设施的更新和改造费用较高，而申报上级预算支持存在不确定性，这导致了设备更新速度慢，影响了基地的服务质量和效率。其次，体制限制使得部分基地无法自主收入，而政府拨款也相对较少，进一步加剧了资金紧缺的问题。再次，地下空间的特殊环境缩短了设备的最低使用时间，增加了设备的维护更新成本，进一步加大了基地的运营成本。此外，基地还缺乏专业人员和资金支持，导致研发投入不足、运营收支平衡难，展品维修和设备维护时效无保障。二是宣传困难问题。缺乏宣传平台出口和设备维护的支持，使得基地的知名度不高，难以吸引更多的参观者和培训学员。同时，大型活动人手不足、缺乏推广渠道等问题也进一步影响了基地的运营和发展。三是客源少、开支大的问题。由于周边建筑行业市场情况的不稳定性，运营情况难以预测，这使得基地难以稳定地吸引客源。

综上所述，基地运营面临着资金、宣传、客源等多方面的困难，需要政府和社会各界的支持和帮助，同时也需要基地自身积极寻求解决方案，提高服务质量，吸引更多的参观者和培训学员。对于基地的发展前景，大多数受访者认为在政府的支持和社会的关注下，基地将发挥更大的作用。

（8）基地运营方的相关建议。根据调查分析，我们可以看到受访者对公共安全教育基地建设与发展的广泛关注和期待。大家普遍认为，加强与科协深度合作设立课题或项目基金、与教委合作设立安全教育经费等措施，都将有助于基地的进一步发展。同时，对于提高基地专业水平，大家建议组织参观学习、鼓励互访交流，并编制标准化服务流程和规范化讲解词。

在基地评估工作方面，大家建议将共性问题汇总分析，邀请专家进行培训和指导，并提出改进建议。此外，突破体制约束、增加互动项目、增加政策支持也是大家关注的重点。

在具体措施上，受访者普遍认为政府应加大安全宣传"五进"与应急科普相关要求的落实力度和措施，对运营社会效益好的场馆给予一定的资金支持或奖励，并在基地的建设和更新换代上给予更多支持。同时，增加专业培训、组织讲师进修、推荐企业单位客户、研发新安全产品等措施也被广泛提及。

## 二、基地可持续发展遇到的困难与挑战

目前，北京市公共安全教育基地的整体运营情况较好，但存在以下三点共性困难。一是基地运营维护压力大。目前全市公共安全教育基地的建设一定程度上适应了公众安全教育的需求，但基地运营成本高、设备更新快，良性发展的可持续性有待提升。部分基地为政府或国有企业投资建设和运营，纯公益性使得基地缺乏后续运营资金和人员，可持续性发展能力不强。二是基地人员专业性不高、流动性大。目前各基地对管理人员及讲解员的综合素质要求较高，但薪酬水平不高，难以留住高水平工作人员，从而导致大部分场馆的工作人员为兼职，难以统筹兼顾。三是基地难以实现可持续发展。自开展分类分级评估工作以来，北京市应急管理局大力推动基地的规范化建设和人才专业化培养，但大部分基地经营能力较弱，其发展更多依赖于自身资源的开发，受限于资金实力较弱且自身"造血"能力不足，亟须政府出台相关政策进行引导和扶持，积极拓展外部市场，提升自身运转能力。

下一步，应加强对全市公共安全教育基地的业务指导，采取试点先行、示范推广的方式，以"政府统筹、社会参与、分类推进、示范引领"为原则，推动基地建设与发展，形成品牌和辐射效应。鼓励引导基地根据各自的特点，充分发挥自身优势，开展应急科普精品创作、应急宣教活动等公众服务。建设基地线上平台，加快整合各类应急科普基地的数字资源，打造应急宣教基地互联互通、共享共建平台，并逐步实现线上参观、虚拟体验等功能，扩大公共安全教育基地的影响力和覆盖面。

# 应急科普产品供需现状调查分析

## 一、引言

党的二十大报告指出，提高公共安全治理水平。坚持安全第一、预防为主，推动公共安全治理模式向事前预防转型。应急科普着眼于提升公民科学素质、预防事故发生和减少对人的生命健康的损害，是强化事前预防的有效手段。作为公共服务的重要组成部分，应急科普既包括应急处置中的科普，也包括针对突发事件的相关常规性科普。构建常态化的应急科普供需良性互动，不仅能够满足公众对应急相关科学知识和技能的基本需要，提升公众识险避险、自救互救能力，更能够通过公众应急科学素质的提升，夯实群防群治的社会根基，筑牢防灾减灾的人民防线，实现防灾于未萌、防患于未然。

目前国内应急科普产品供需研究主要集中在基于网络检索行为的需求分析[1]、互联网用户采纳应急科普信息的影响因素[2]、地域性应急科普需求现状[3]、突发事件中应急科普供给情况[4]以及媒体表现情况[5]，而对灾害事

---

本文作者刘赋（应急管理部宣传教育中心），张英，尚甲（中国科普研究所），基金项目：中国科普研究所委托项目"应急科普服务和产品标准化研究"（210103EZR058），2023年发表于《科普研究》。

故等突发事件的应急科普供需情况、应急处置之外的常规性应急科普供需情况，以及除媒体供给以外的公共服务应急科普供给情况探究匮乏。因此，本文通过分析 2019—2021 年应急管理系统开展的优秀科普作品和新媒体作品征集活动的 516 件获奖优秀作品，以及分发收回的 344 份应急科普服务产品需求调查问卷样本，分析供给端和需求端特点，梳理供需两端现状特点，发现应急科普产品存在产品数量单薄、类别分布不均衡、内容同质化严重、质量良莠不齐等问题，亟待通过建立完善应急科普产品相关标准，制定、实施、监督检查应急科普产品标准，达到应急科普产品质量目标化、制作方法规范化、评价过程程序化的目标，充分发挥标准在引领应急科普产品高质量发展中的作用。这对于进一步发挥应急科普产品的价值、增强应急科普服务的社会效益具有重要意义。

## 二、应急科普产品供给端分析

### 1. 研究方法及样本选择

本文主要基于内容分析法对传播的应急科普产品内容进行客观、系统和定量的描述，进而评估传播效果。研究过程包括建立研究问题和假设、确定研究样本总体、选择分析单位、设计分析维度体系、进行评判记录与分析。

应急科普产品较为分散且具有较强的公共服务属性。问卷结果显示，公众普遍认为政府（相关事业单位）等为应急科普的主要实施主体。同时就全网检索情况来看，应急科普出版物种类虽然繁多，但编者多为政府单位或社会团体。例如，在当当网搜索"应急科普"，显示的商品搜索结果有 100 页，包括图书、教育音像、电子书/听书、文化创意用品等公开出版物。除去不同商家提供的相同商品，有 2000 多种公开出版物，大部分由应急管理部门、科协等相关机构出版。同时，从 2019—2021 年应急管理系统开展的优秀科普作品以及新媒体作品征集活动的作品目录中可以看出，应急管理普法作品中存在大量的应急科普相关内容。

鉴于以上原因，本文对应急科普产品的界定如下：以普及应急相关科学原理、政策法规及避险技能等知识，倡导科学应急方法、传播科学应急理念为主要目的或使命的内容产品。分析样本范畴为 2019—2021 年应急管理系统开展的征集活动或展播的优秀产品，具体包括 2019 年度应急管理系统优秀科普作品征集评选活动获奖作品、2020 年全国应急科普作品征集展示活动获奖作品[6]、2020 年首届应急管理新媒体作品征集评选活动获奖作品[7]、第一届全国应急管理普法作品征集展播活动获奖作品[8]、第二届全国应急管理普法作品征集展播活动获奖作品[9]、2021 年第二届应急管理新媒体作品征集评选活动年度优秀作品[10]，共计 516 件优秀作品。去除其中展现应急队伍形象、传播应急安全意识、弘扬应急精神、单纯普及法律知识等非应急科普产品 73 件，最终获得 443 个分析样本，以单个应急科普产品作为基本分析单位。

## 2. 分析维度与评判

目前，相关文献对应急科普产品分析维度的论述较少，也缺乏对于应急科普产品评审的明确规范要求。对现有应急科普产品研究相关文献进行分析，发现研究多从内容主题、讲解方式、语言表达形式、视觉呈现方式、传播方式、传播效果等维度论述。而应急科普产品内容分析旨在归纳优秀的应急科普产品能够取得良好科普效果的原因，总结其在叙事逻辑构建、主题呈现方式、传播形式等方面存在的共性。

本文基于国内相关研究基础，参考卡尔·霍夫兰（Carl Hovland）等提出的外部因素、目标靶、中介过程和结果四维说服模型理论[11]，结合应急科普产品分析目标，从科普要素、形式要素、内容要素、传播要素 4 个维度，构建应急科普产品分析维度体系，其中科普要素包含科学性、普及性，形式要素包含产品类型、呈现形式、数据要素，内容要素包含知识类别、行业领域、完整性，传播要素包含传播方式、传播效果（表1）。

表1 应急科普产品分析维度体系

| 分析指标 | 细分指标 | 指标说明 |
|---|---|---|
| 科普要素 | 科学性 | 1. 是否在应急相关科学范畴内<br>2. 知识点是否具备专业性、准确性、体系性<br>3. 概念、原理、技能等内容的叙述是否清楚、确切 |
| 科普要素 | 普及性 | 1. 目标受众是否广泛<br>2. 产品是否易获得<br>3. 内容是否易理解 |
| 形式要素 | 产品类型 | 1. 数字化应急科普产品,如音频、视频、图文等<br>2. 实体化应急科普产品,如图书、折页、海报等 |
| 形式要素 | 呈现形式 | 1. 以模拟现场的方式讲解应急科普内容<br>2. 以课程形式讲解应急科普内容<br>3. 以虚构人物、情景等形式讲解应急科普内容<br>4. 以紧跟时事热点的形式讲解应急科普内容<br>5. 以纪实的形式讲解应急科普内容<br>6. 以二次创作的形式讲解应急科普内容<br>7. 以以上多种方式混合的形式讲解应急科普内容<br>8. 其他 |
| 形式要素 | 数据要素 | 1. 是否可以数字化<br>2. 是否可以实现资源共享 |
| 内容要素 | 知识类别 | 1. 原理类  2. 技能类  3. 方法类  4. 普法类  5. 意识类  6. 混合类 |
| 内容要素 | 行业领域 | 1. 安全生产（危险化学品、有限空间等）<br>2. 防灾减灾（地质地震、防洪抗旱、气象灾害等）<br>3. 消防救援（森林消防、火灾预防、火灾自救等） |
| 内容要素 | 完整性 | 1. 叙事要素（主体、时空、叙事逻辑、风格等）<br>2. 知识体系完整、连贯 |
| 传播要素 | 传播方式 | 1. 活动传播,通过策划应急科普活动等传播<br>2. 平台传播,通过电视、广播、网络、报刊等平台传播<br>3. 空间传播,通过建筑物外表或街道、广场等室外公共场所设立的霓虹灯、海报等传播 |
| 传播要素 | 传播效果 | 1. 覆盖效果（内容覆盖人群人数）<br>2. 示范效果（内容通过引导规范和价值,提示行为模式,进而影响人们的认识、行为） |

就分析样本整体,从科普要素、形式要素、内容要素、传播要素4个维

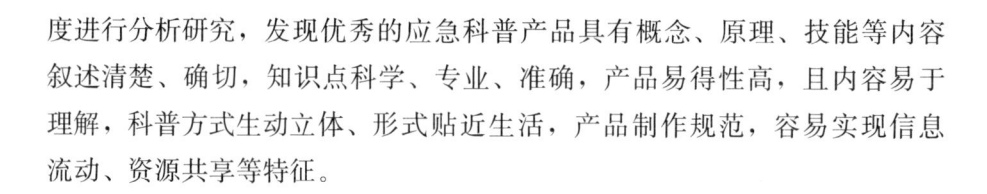

度进行分析研究，发现优秀的应急科普产品具有概念、原理、技能等内容叙述清楚、确切，知识点科学、专业、准确，产品易得性高，且内容易于理解，科普方式生动立体、形式贴近生活，产品制作规范，容易实现信息流动、资源共享等特征。

### 3. 分析结论

在科学性和易得性方面，应急科普供给表现较好。在科学性方面，产品内容在科学范畴内，概念、原理、技能等内容的叙述清楚、确切，知识点科学、专业、准确，选题贴近生活，例如《蓝宝求生小分队之穿越高层、油锅起火的"非"逃生指南》[12]、《地震预警防御指[13]等，通过揭示逃生自救技能的科学原理，由表及里地普及专业科学的应急知识。在形式要素方面，锚定特定群体，应急科普产品易得性高，且内容易于理解，例如《应急高手（连续剧）》[14]、《火灾逃生演练指南校园篇》[15]、《未形之患》[16]等，面向城市居民、校园师生等特定群体制作，内容较易于获得，且贴近该群体生活，易于被接受；无论产品类型是数字化还是实体化，都是通过多种方式、形式结合讲解应急科普知识，优秀作品的方式生动立体、形式贴近生活，如《24节气海报》[17]、《安全生产，人人都是主角》[18]、《废墟下的小象》《专项整治书签》等，将图文结合、真人拍摄与动漫结合等多种形式结合，叙事生动立体；产品制作规范，基本都可以实现数字化，容易实现信息流动、资源共享，视频作品普遍图像清晰、声音平稳。

但是，在行业领域和有效覆盖方面，应急科普产品存在一定程度的供给断层。在内容要素方面，无论是科普应急相关科学原理、方法还是技能、法律等内容，以及安全生产、防灾减灾、消防安全等行业领域，主题聚焦于应急管理科普，也都能将选定叙事主体、叙事时空、叙事过程等叙事要素按应急科普的实际需求进行扩展或者压缩，确保了应急科普知识的正确性和权威性。在行业领域方面，供给端过分集中于消防、安全以及普法等领域。在传播要素方面，产品多以平台传播的方式投放，少部分依靠应急科普活动或城乡空间传播，多以自有新媒体平台为主，少数向当地媒体平台投放，对当地公众为主的受众有效覆盖保障不足。

## 三、应急科普产品需求端分析

**1. 研究方法及样本选择**

本文参考近年各地开展的公众防震减灾科普满意度调查工作问卷，设计了涵盖应急科普产品公众接触率、受众收获评价、公众满意度和差异化需求等指标的应急科普产品需求调查问卷。基于回收的 344 份问卷样本，同时参考中国科协科普部、百度数据研究中心、中国科普研究所从 2015 年起定期发布的《中国网民科普需求搜索行为报告》，以及对社交网络平台发布的应急科普产品的公众采纳情况等进行分析，从渠道需求、地域需求和内容需求 3 个层面分析应急科普需求特征。

**2. 分析维度与评判**

（1）渠道需求：

调查问卷 Q1 "您认为应急科普的主要实施主体应该是？"的调查结果显示，受访者普遍认为应急科普的主要实施主体为政府（相关事业单位），社区/企业/学校等，相关专业学会、协会，这三者占总响应情况的 79%，是主要的实施主体（表 2）；Q4 "您最希望通过什么渠道获取/关注应急科普知识？"的结果显示，受访者最期待的应急科普知识获取渠道依次是微信（响应率为 19.26%）、新闻资讯类 APP（响应率为 13.41%）、网站（响应率为 13.14%）、科普场馆（响应率为 12.87%）、电视（响应率为 12.39%）、社区/公司/学校（响应率为 11.64%）、期刊报纸等（响应率为 9.12%）。

表 2　Q1 的响应率和普及率

| 主体 | 响应 n | 响应率/% | 普及率/% ($N=344$) |
|---|---|---|---|
| 政府（相关事业单位） | 288 | 31.17 | 83.72 |
| 相关专业学会、协会 | 218 | 23.59 | 63.37 |

续表

| 主体 | 响应 n | 响应率/% | 普及率/% (N=344) |
|---|---|---|---|
| 社区/企业/学校等 | 224 | 24.24 | 65.12 |
| 媒体 | 181 | 19.59 | 52.62 |
| 其他 | 13 | 1.41 | 3.78 |
| 汇总 | 924 | 100 | 268.61 |

（2）地域需求：

地域需求主要参考中国科协科普部、百度数据研究中心、中国科普研究所从2015年起定期发布的《中国网民科普需求搜索行为报告》。2019年第一季度分析报告显示，2018年应急避险主题的科普搜索指数同比增幅位居第三，总搜索份额为5.28%，其中PC端为6.28%，移动端为4.99%[19]，公众对应急科普中的预警、灭火、火山搜索指数同比增长最快。同时还存在明显的地域差异，上海、浙江、黑龙江等地对应急避险的信息需求增长最快，广东、福建、海南等沿海地区对台风最为关注，江西、福建、河南等地对安全知识较为关注。

对比2017年、2018年的《中国网民科普需求搜索行为报告》不难发现，虽然地域的关注情况和对子主题的关注情况是动态变化的，但容易受到某种自然灾害侵袭的地区对该灾害的应急科普需求一直较高，例如广东、海南等地对台风的应急科普需求比较强烈，同时对应急科普的总体需求整体呈上升趋势。

对2016—2018年我国各省（自治区、直辖市）公众科普热点搜索前5名的搜索词进行整理发现，江苏、浙江、福建、广东的公众对龙卷风、台风、火灾等话题搜索较多；位于长江中下游的湖北、安徽的公众对洪水的搜索更为集中；云南、四川、青海、西藏、新疆、甘肃、宁夏、山西等地地震多发省份的公众对地震更为关注，其中青海、新疆、宁夏、云南的公众比较关心火灾；贵州、广西、河南、湖南、江西的公众对笼统的安全知识需求较大。

总体而言，公众应急避险搜索内容主要集中在自然灾害和事故灾难两类。在全国范围内，公众对自然灾害中的地震和台风搜索指数较大，其次是洪水等灾害，搜索指数在每年的第二季度和第三季度增长较快。而且，公众应急避险搜索内容和各地自然灾害受灾情况具有强关联性。位于东南沿海一带的省份的公众对台风问题搜索较多，位于长江流域的省份的公众对洪水搜索较多。

（3）内容需求：

内容需求是需求端分析的重点，本文主要设计了2个分析维度，一是基于调查问卷分析，二是基于应急科普产品传播效果分析。两者都表明，应急科普产品的内容与个体日常生活相关性、实用性越高，越被公众需要。

问卷Q6"您希望从应急科普中得到哪种类型的知识？"的结果表明，受访者普遍表示希望获得的主要知识依次为自救互救等应对方法（响应率为33.94%）、相关科学思想与方法（响应率为23.45%）、基本概念和原理（响应率为21.30%）、相关政策法规（响应率为21.30%）。

通过对应急管理部、各省应急管理厅（局）官方微信公众号等官方平台以及社交媒体平台如抖音、微博等发布的应急科普产品的阅读量、点赞量等进行对比分析发现，公众对应急科普产品的需求主要集中在以下几个方面。

首先是应急管理相关的社会热点焦点。一般包括三种情况。一是突发事件，例如新冠肺炎疫情的暴发、贵广线榕江站列车脱线事故、黎巴嫩首都贝鲁特港口大爆炸、5·12汶川地震等造成重大伤亡或经济损失的安全生产事故或自然灾害，都会引发公众对相关应急科普知识的需求激增。二是重要的时间节点，例如长假前夕、节后复工、节后返程、开学前夕、汛期来临、低温寒潮等大规模群体活动变迁或自然活动异常等，也会激发公众对相关安全常识的内在需求。三是大型宣传活动，例如防灾减灾日、全国消防日、全国安全生产月等重要活动，通过各级宣传部门和媒体的共同关注和策划议题，使得公众能更多地接收应急科普知识，进而获得更多的关注。

其次是常见的自救技能和误区。无论是政务新媒体，还是自媒体，关注量较高的科普产品一般都为常见的求生场景，或易出现的求生误区。例如，河南应急厅于抖音发布的防溺水自救方法[20]，点赞量高达 368.4 万，河南消防总队于微博发布的"这些东西混合使用很危险"[21]，播放量为 26.3 万，自媒体账号"心中有术"于抖音平台发布的急救的 10 个谣言与误区[22]，点赞量为 23.4 万，这些传播效果较好的科普产品共同之处就是针对常见的应急场景之下公众普遍存在的自救知识需求策划制作了应急科普产品。

最后是常规性的应急科普知识。应急管理部门的官方新媒体以及科普创作者的自媒体等，会在常规的信息发布中涉及应急管理相关知识。这些产品也是突发事件发生后的应急处置阶段科普产品发布的主要素材基础。但是需要正视的是，这类产品存在着严重的同质化和质量不高的问题，其传播力往往不足，或难以满足公众的日常应急科普需求。

### 3. 分析结论

通过对调查问卷中的填空题 Q12 "您认为当前应急科普存在的最主要的问题是？"所获得的回答情况进行分析，绘制出应急科普需求词云图，可以看出受访者认为当前应急科普存在的最主要的问题是不全面、不系统、针对性不强、宣传不够等。

结合上文分析，应急科普需求整体呈现出公共性、差异性、分散性和相关性的特点。一是公共性，公众普遍认为应急科普供给应该由公共部门承担，考虑到内容的权威性、正确性，也更倾向于采纳公共部门提供的应急科普产品；二是差异性，不同的群体对应急科普的日常获取渠道有着不同的倾向，不同地域受本地事故灾害情况影响应急科普需求也不尽相同；三是分散性，公众对于获得渠道、细分领域等的日常需求并没有集中于某几个点，而是相对均衡地分散开；四是相关性，无论是个体还是群体对应急科普的需求都是与现实生活体验高度相关，往往发生了事故灾害等突发事件就会产生相应的应急科普需求。

## 四、供需错位具体表现及成因分析

**1. 有效供给不足，发展缺乏规范引领**

有效供给不足一方面是有效增量不足、不易获得，另一方面是有传播力的应急科普作品匮乏。2014—2018年，公众科普整体搜索指数平均增长速率约为47%，应急避险相关搜索指数平均增长速率约19%[19]。而应急科普的创作方向由于缺乏整体规划和方向引导，未能紧跟公众需求，根据关注内容领域提高应急科普工作效率和质量。产品多以相关部门于微博、抖音等平台建立的自媒体账号发布，以某部门公众号为例，应急科普产品的阅读量普遍为2000左右，覆盖人群有限，而当公众有应急科普的需求，主动检索相关内容时，整理分类、资源标签、呈现方式等不规范、不明确，检索结果包含过多非相关的、非目标的信息等都会提高信息的获得门槛和使用成本，导致信息需求者耗费大量的精力和时间进行信息搜索，传播效果大打折扣，未能有效回应受众需求，甚至导致目标受益人群被驱离。许多产品存在"针对性不强""未能抓住大众心理"的问题，主要表现为同质性倾向和生搬硬套。在挖掘议题利用事件热点创作应急科普热点产品时表现更为明显，产品大多未能注意衍生话题的挖掘以及与个体现实生活高度相关的知识普及。综上所述，由于缺乏规范和引领，产品供给存在无序发展、检索成本过高、同质化严重等问题，导致有效供给不足。

**2. 供给断层明显，供需互动反馈失位**

供给断层主要表现在内容和形式两方面。一是内容方面，按照安全生产、防灾减灾、消防安全等行业领域对应急科普产品样本进行分析，发现其中涉及消防安全中的火灾预防和火灾自救占比较高，达26.2%，而相比之下，部分行业的应急科普产品过少，例如与防灾减灾中的地质灾害相关的产品，占比仅为0.7%。按照上文所提的原理类、技能类、方法类、普法类、意识类、混合类对应急科普产品样本进行分析,发现旨在提升公众认识水平和法律意识的意识类和普法类应急科普产品占到了样本的大多数,占比约为40%,而公众需求较大的技能类和方法类等实操性较强的产品则较少,占比约为15%。二是形式方面,应急避险科普搜索主体具有明显的年龄分层,其中,20~29岁年轻公众占比最大,而且这类人群对自媒体时代的视听类传播形态更为偏爱,因此,需要改进科普内容的生产机制,利用融媒体开发多元化、符合青年人知识获取习惯的新内容形态。与此同时,40岁以上公众应急避险科普搜索占比低,应结合线下科普形式的现状考虑更为有效的应急科普产品形式。第七次全国人口普查显示,全国人口中居住在乡村的人口约为5亿人[23],65岁及以上人口约为1.9亿人[24],面对如此庞大的人群,现有的应急科普产品供给是远远不够的。应急科普产品大多数没有对受众进行分类、分档制作,开发的大部分精力都集中在了视频类产品开发,占比高达七成,且大多数针对城市居民,某种程度上与公众差异化的需求不匹配。供需互动反馈的失位导致应急科普产品存在大量内容和形式的重复开发,却未能有效满足公众差异化、分散化的应急科普需求。

## 五、标准化建设促进供需匹配的现实路径

### 1. 以标准化建设构建供需对接渠道

2021年10月10日,中共中央、国务院印发了《国家标准化发展纲要》,将加强公共安全标准化工作作为标准化服务经济社会发展的重点领域和推动标准化发展的重要环节之一,提出实施公共安全标准化筑底工程,完善应急管理、防灾减灾救灾标准。2021年6月,国务院印发《全民科学素质行动规划纲要(2021—2035年)》将强化标准建设作为组织实施的重要条件保障之一,提出分级分类制定科普产品和服务标准,推动构建包括国家标准、行业标准、地方标准、团体标准和企业标准的多维标准体系。2022年2月14日,国务院印发《"十四五"国家应急体系规划》,提出建设

标准化应急知识科普库。这些不仅强调了标准化工作对于引领应急科普产品高质量发展、提升公众应急避险科学素质的重要意义，也对未来应急科普产品标准化工作提出了新的更高的要求。

建立科学合理的标准，在内容质量、知识体系、应用普及、统筹发展方面对供给形成规范引导，有助于形成应急科普供需对接的有效渠道。一是在内容质量方面，通过标准化建设，设置应急科普产品的"及格线""基准线"，设立应急科普产品量化指标和统一评估基准，形成应急科普产品发展的"指挥棒"，引导应急科普产品的高质量发展，有效解决现阶段普遍反馈存在的"不够深入""质量不高""专业程度不高"等内容质量痛点。二是在知识体系方面，通过标准化建设，发布公共安全科普教育大纲，建立分级分类目录体系，推动形成完整连贯的应急科普知识体系，引导应急科普产品实现多元化、均衡化的发展，有效解决现阶段普遍反馈存在的"不全面""不系统"的知识体系痛点。三是在应用普及方面，通过标准化建设，实现元数据标准化管理，降低应急科普产品检索和使用成本，提升应急科普产品利用效率，及时快速响应社会公众的应急科普需求，有效解决现阶段普遍反馈存在的"宣传不够""不普及""覆盖率不高"的痛点。四是在统筹发展方面，宏观层面可通过建立应急科普产品分类标准，实现对内容的目录管理，实现细分领域内容量化管理和整体内容的统筹；微观层面可通过建立应急科普产品元数据标准，规范单位数据，加强格式和版权管理，实现数据的高效流通调动；周期层面可通过设立评估标准，对应急科普产品统一考核、评估并反馈，实现全流程管理。

### 2. 以标准化建设推动供需良性互动

不断完善应急科普产品的标准化建设工作体系和标准体系框架，推进应急科普产品的标准化建设进程，对优化应急科普供给侧结构，有效提高科普供给效能，对于构建常态化的应急科普供需良性互动具有重大意义。

一要构建应急科普产品标准化的工作体系，尽快建立应急科普产品标准化专门领导和工作机构，加强应急科普产品标准的体系化设计，指导和引领标准制定工作，形成标准化建设的制度体系，引导社会多元主体参与应急科普产品标准化工作，充分调动和发挥科研院所、学会、协会等相关单位的主动性和创造性，结合其行业领域与所学所长，参与应急科普产品标准化建设，形成标准化建设的工作合力。

二要推进分级分类应急科普产品标准建设，聚焦应急科普产品领域的基本或急迫问题，尽快制定基础通用类的国家标准，填补空缺同时为其他标准的编制提供参考依据，又要针对应急科普产品相关的具体领域和问题，大力推动研编团体标准、地方标准等；启动应急科普产品基础通用标准的研编，提供修订的统一依据和技术基础，推进规范类标准、指南类标准等亟须标准的研编，对应急科普产品提出相关形式、内容或制作、发布等要求和技术指标或提供普遍性、原则性、方向性的指导和相关建议，探索设立效果评估、反馈收集等相关标准的研编，形成管理闭环，支撑应急科普产品质量持续提高。

三要强化标准宣传贯彻和应用实施，加强标准宣贯和实施效果评估及时组织标准宣贯和培训，对标准使用单位提供指导，加深对标准的理解，提升标准化意识及能力，确保标准顺利实施；适时开展标准化试点示范建设，为全面推进应急科普产品标准化工作提供经验借鉴与示范引领。

四要建立全周期的应急科普标准体系，应急科普产品亟待通过建立分类、元数据、标识符规范、资源加工规范等标准，在资源组织上形成应急科普产品的统一目录，规范应急科普产品的形式和内容，为实施应急科普服务提供基础的标准化和一致性工作，确保应急科普产品在共享服务整个生命周期中的流转和互操作均满足统一的标准规范，从而能够对外提供统一、有效的共享服务。

# 参考文献

[1] 杨家英，王明. 基于网络科普行为分析的公众应急避险科普需求研究 [J]. 科技传播，2020，12（11）：1-3，17.

[2] 方俊丽，葛蒲，徐淑娴，等. 互联网用户采纳应急科普信息的影响因素 [J]. 中华医学图书情报杂志，2022，31（2）：10-18.

[3] 谢迪菲，杨帆，罗彬. 防震减灾科普现状及公众需求调查分析——以陕西省为例 [J]. 城市与减灾，2015（5）：23-25.

[4] 王维曦, 疏学明, 胡俊, 等. 应急科普信息传播协同机制研究——以新冠肺炎疫情科普为例 [J]. 科技传播, 2021, 13 (19): 58-62.

[5] 尚甲, 郑念. 新冠肺炎疫情中主流媒体的应急科普表现研究 [J]. 科普研究, 2020, 15 (2): 19-26.

[6] 应急管理部宣传教育中心. 关于公布 2020 年全国应急科普作品征集展示活动获奖名单的通知 [EB/OL]. (2021-02-05) [2022-08-07]. https://www.mempe.org.cn/news/show-54714.html.

[7] 应急管理部新闻宣传司. 2020 年首届应急管理新媒体作品征集评选活动获奖名单公布 [EB/OL]. (2021-03-10) [2022-08-07]. https://www.mem.gov.cn/xw/yjglbgzdt/202103/t20210310_381151.shtml.

[8] 应急管理部办公厅, 司法部办公厅. 关于公布第一届全国应急管理普法作品征集展播活动获奖名单的通知 [EB/OL]. (2020-10-30) [2022-08-07]. https://www.mem.gov.cn/gk/tzgg/tz/202010/t20201030_371148.shtml.

[9] 应急管理部办公厅, 司法部办公厅. 关于公布第二届全国应急管理普法作品征集展播活动获奖名单的通知 [EB/OL]. (2021-12-29) [2022-08-07]. https://www.mem.gov.cn/gk/zfxxgkpt/fdzdgknr/202201/t20220104_406203.shtml.

[10] 应急管理部新闻宣传司. 2021 年第二届应急管理新媒体作品征集评选活动年度获奖作品名单 [EB/OL]. (2022-02-18) [2022-08-07]. https://www.mem.gov.cn/xw/yjglbgzdt/202202/t20220218_408095.shtml.

[11] 卡尔·霍夫兰, 欧文·贾尼斯, 哈罗德·凯利. 传播与劝服 [M]. 张建中, 李雪晴, 曾苑, 等译. 北京: 中国人民大学出版社, 2015: 39-40.

[12] 浙江省杭州市消防救援支队滨江大队. 蓝宝求生小分队之穿越高层、油锅起火的"非"逃生指南 [EB/OL]. (2022 02 22) [2022-08-07]. https://www.mem.gov.cn/xw/ztzl/2022/xmtyxzp/202202/t20220222_408412.shtml.

[13] 王萍, 邱虎, 郭文超. 地震预警防御指南 [EB/OL]. (2022-02-24) [2022-08-07]. https://www.mem.gov.cn/xw/ztzl/2022/xmtyxzp/202202/t20220224_408575.shtml.

[14] 湖北日报. 应急高手 (连续剧) [EB/OL]. (2022-02-24) [2022-08-07]. http://news.hubeidaily.net/pc/272994.html.

[15] 曹博. 火灾逃生演练指南校园篇 [EB/OL]. (2022-02-22) [2022-08-07]. https://www.mem.gov.cn/xw/ztzl/2022/xmtyxzp/202202/t20220222_408401.shtml.

[16] 深圳市应急管理局. 获奖作品展播丨微视频: 未形之患 [EB/OL]. (2021-01-19) [2022-08-07]. https://mp.weixin.qq.com/s/o1xPYpyMmUcNdEYda8ocew.

[17] 山东烟台市消防救援支队.24节气海报［EB/OL］.（2022-02-24）［2022-08-07］. https：//www.mem.gov.cn/xw/ztzl/2022/xmtyxzp/202202/t20220224_408577. shtml.

[18] 南京市建邺区应急管理局.获奖作品展播｜微视频：安全生产，人人都是主角［EB/OL］.（2022-01-12）［2022-08-07］.https：//mp.weixin.qq.com/s/ouZudh-kreHCQcoHQFKFRA.

[19] 中国科协科普部，中国科普研究所，百度指数.中国网民科普需求搜索行为报告（2019年第一季度）［EB/OL］.（2019-09-30）［2022-08-07］.https：//www.kepuchina.cn/notice/ss/201909/P020191209514958857409.pdf.

[20] 河南省应急管理厅.超详细讲解在水中如何自救！［EB/OL］.（2022-05-24）［2022-08-14］.https：//v.douyin.com/FKYerhE/.

[21] 河南消防.这些东西混合使用很危险［EB/OL］.（2022-5-29）［2022-08-14］. https：//m.weibo.cn/2106558073/4774416325806936.

[22] 白辰.急救的10个谣言与误区［EB/OL］.（2021-09-25）［2022-08-14］.https：// v.douyin.com/FK2XpUk/.

[23] 第七次全国人口普查公报（第七号）［EB/OL］.（2021-05-11）［2022-08-14］.https：// www.gov.cn/xinwen/2021-05/11/content_5605791.htm

[24] 第七次全国人口普查公报（第五号）［EB/OL］.（2021-05-11）［2022-08-14］.https：// www.gov.cn/xinwen/2021-05/11/content_5605787.htm.

# 应急科普长效机制建设

新冠肺炎防疫期间,公众对医学科普、应急防护与救援等相关的科普内容需求迫切,很多学者在期刊媒体也发表了应急科普的相关文章,对我国应急科普体制机制建设建言献策,这可以在一定程度上促进我国应急科普的相关研究与实践。同时,两会期间,不少委员积极建言献策于应急管理事业改革发展,其中对应急科普长效机制建设较为关切,这值得我们关注与思考。

突发事件分为自然灾害、事故灾难、公共卫生事件及社会安全四大类。按照《深化党和国家机构改革方案》,应急管理部门主要负责处置自然灾害、事故灾难两大类突发事件。应急管理部的组建,极大地促进了我国应急管理事业的发展。同时,公众的应急安全与减灾科学素质得以提升。应急管理理应是对重大灾害、事故的全过程管理,贯穿于灾害、事故发生前、中、后的动态的过程。理应不断落实"坚持以防为主、防抗救相结合,坚持常态减灾和非常态救灾相统一,努力实现从注重灾后救助向注重灾前预防转变,从应对单一灾种向综合减灾转变,从减少灾害损失向减轻灾害风险转变"的要求。防灾减灾、安全生产需要不断实现关口前移,而应急科普是重要的手段和途径之一,这样方能与工程、科技、政策等措施一道全面

---

本文作者张英,2020 年发表于《中国应急管理》。

提升全社会抵御自然灾害、处置事故灾难的综合能力。近年来，公众应急科学素养不断提升，社会参与参与社会氛围逐渐形成。一方面，应急科普宣传教育可以不断提升公众防灾素养，培育安全文化，构建安全安心社会；另一方面，公众防灾素养提升后，更加容易理解、支持应急管理工作。

新时代亟须构建具有国际观瞻、本土情怀的中国应急科普体系，培育安全文化孕育的土壤。丰富安全文化内涵对推进我国文化建设、社会建设、生态文明建设具有重大意义。我们需要不断地从灾害、事故中吸取教训，通过开展应急科普能力提升、体制机制建设，普及应急知识，增强社会公众的应急素养，推进传播能力建设，提高国家应急安全软实力。

## 一、理顺体制机制，开展顶层设计

我国应急科普工作是国家应急管理体系建设的重要组成部分，并随之而发展。早在2003年的"非典"事件之后，我国就开始加强应急管理体系的建设。截至目前，我国应急管理已经基本建成了中央统筹指导、地方作为主体、灾区群众广泛参与的体制机制。初步建成了国家应急平台体系，成立了国家预警信息发布中心和国家应急广播中心，建立了网络舆情和各类突发事件监测预警体系。国务院办公厅《关于印发应急管理科普宣教工作总体实施方案的通知》国办函〔2005〕90号指出应急管理科普宣教工作对于增强公众的公共安全意识、社会责任意识和自救、互救能力，提高各级组织的应急管理水平，最大程度地预防和减少突发公共事件及其造成的损害，具有十分重要的意义。

大应急背景下，应急管理系统的科普（防灾减灾、安全生产以及应急救援等）内容如何融合？值得我们深入思考。现阶段，四类突发公共事件分属不同部门管理，随着经济社会发展，公众对健康、安全更为关注，公众需要的应急科普应该是系统的、立体的、全方位的，不是仅仅存在于一个领域，一个部门不能涵盖应急科普的所有内容，应急科普工作需要多部门合作、内容需要有机整合。值得一提的是，应急部为新组建，无相关应急科普"十三五"规划专项。之前的"应急科普"内容分散于消防、地震、民政救灾等系统，条块分割，这不利于落实中央综合减灾、关口前移的精神，也不利于落实全民科学素质行动纲要，更不利于推进应急管理事业改革发展。"十四五"规划及后续规划项目应该整合应急科普宣传教育、安全生产宣传教育、地震、消防、森林消防、煤监等宣传内容，并开展顶层设计、持续推进，整合应急科普宣传教育资源，提升全民应急科学素质。

开展国家应急科普能力建设，研究、颁发相关的文件、制度与管理办法。从国家层面急需建立国家应急科普体制机制，成立专门机构或委员会，将应急科普纳入应急管理预案与体系；遴选专家，组建研究与传播团队，探索政府－专业人士－媒体高效沟通合作的应急科普传播机制，建立权威发声通道、平台，提高传播效率，铲除谣言产生的土壤，提升公众应急安全科学素养，维护社会安全稳定。

同时，充分调动应急科普从业人员积极性，壮大人才队伍。设置相关的课题、奖励以及职称制度。一是鼓励专业人员做科普，另外一方面是鼓励设立专职科普人员不断实现专业发展。

## 二、开展理论研究，重视产业培育

重视应急科普政策研究工作，在政策研究的基础上提出相关政策建议。国务院相关部委推动科普工作的做法是大同小异，一般是先联合或者单独印发科普规划或者加强科普工作意见全面推动科普工作，之后印发行业科普基地管理办法、人才队伍培养办法等具体工作指导文件，部分部门还配有"十二五""十三五"科普发展规划等政策，推动形成科普教育体系。

开展应急科普能力现状研究。结合理论研究、实地调研和数据收集，分析自然灾害、事故灾害、社会安全和公共卫生等领域应急科普能力建设与发展现状；弄清现状与问题，开展国际比较，进而开展应急科普建设政策研究、对策研究。

应急科普宣传教育发展最终目标是构建安全文化，建设安全安心社会。应急科普研究应该关注以下五大方向：一是检测公民应急安全科学素质，年度跟踪、区域对比、适时发布，做到理论研究服务于实践；二是开展灾后心理康复研究,通过构建专家队伍、建设心理教室、开展心理疏导等形式开展研究与实践工作;三是开展应急科普资源库平台建设与内容研发,避免低水平、重复建设,打造应急科普精品,出版精品教材、科普读物、梳理应急科普教育内容要点,制定指导纲要等,同时开展应急科普师资队伍建设、评价标准研究;四是开展应急科普与安全文化培育社会学相关研究,开拓安全文化、应急管理社会学等领域;五是开展涉及灾害、安全生产事故事件的舆情分析与引导策略研究,用好科学辟谣等平台、权威发声。

重视应急科普产业培育。提升公民应急安全科学素质,应急科普产业在其中可以发挥重要作用,必须增加优质应急科普产品供给,通过市场调节能有效弥补公共供给的不足。科普产业是基于科学技术进步发展起来的一个特殊产业,由科普产品的创意、生产、流通和消费等环节组成,在市场机制的基础条件下,向国家、社会和公众提供科普产品和科普服务。全球应急科普产业比较发达的国家集中于自然灾害多发的国家与经济社会发达国家,如日本、美国等。中国科普研究所调查数据显示,目前我国科普产业的产值规模约1000亿元左右,主营科普的企业数量有375个左右,主要从事科普出版、影视广播、会展、科普活动体验。我国应急科普产业的发展仍处于起步阶段,公众和市场对科普产品的需求日益增大,部分科普产业发展态势良好。如应急安全体验场馆的设计、建设;展示、体验设备的生产;应急科普产品的设计、出版等;家庭应急装备、应急科普文创产品的研发等。建议出台应急科普产业培育的意见政策,借鉴发达国家应急科普成功经验,充分调动社会力量、公众参与的积极性,形成应急科普产业网络,打造权威平台,研发、推广相关科普产品、文创产品,共建共享,让应急科普更有生命力,实现社会效益和经济效益的双赢。

## 三、动员公众参与,筑牢人民防线。

公众参与泛指普通民众为主体参与,推动社会决策和活动实施等。应急科普工作要走群众路线,群防群治,筑牢群众防线。比如政府部门协作配合、各司其职,将媒体、学会、非政府组织、应急科普基地纳入应急科普与安全文化培育体系。人民既是贡献者，也是获得者，我们的工作要以人民为中心，加大对应急科普与安全文化培育工作的投入，为公众提供公共产品与服务，让人民更有获得感。

2018年中国公民科学素质建设报告显示：2018年，中国公民具备科学素质的比例为8.47%，北京公民具备科学素质的比例为21.48%。可以看出，随着经济社会不断发展，公民科学素质不断提升，《全民科学素质纲要》中涉及安全科学素质层面的内容大概占1/4，可见公民安全科学素质的重要价值；毋庸讳言，据调查，公民应急安全科学素质尚有提升空间。

1995年，阪神淡路地震中的幸存者，八成得益于家人及邻居的救助，我国唐山大地震亦如此。2008年，汶川地震中的这一数据高达九成。2011年，311东日本大地震中，社区居民的自助、地方社区里的互助在避难引导，避难所运营方面发挥了重要作用。总结东日本大地震的经验，人们普遍认为自助、互助、公助应该平衡，不能仅仅依靠公助，要动员全民参与，筑牢应急管理的群众防线。汶川等特大地震发生后，在一定程度上唤醒了民众对应急管理工作的关注，应急安全科学素质有所提升，但是民众安全科学素质水平缺乏数据支撑。公众长期对应急管理工作缺乏了解，让公众理解安全文化，进而理解安全文化工作绝非易事。如在地震科普宣传过程中，淡化宏观异常宣传，降低公众对地震短临预报的期望；对谣言及时进行澄清，营造科学理性的社会氛围，消除封建迷信、伪科学、极端思潮滋生的土壤，把谣言扼杀于摇篮之中。同时可以加强应急避难场所相关工作内容，让公众熟悉周边的应急避难场所，提升应急安全素质。

现阶段，调研显示，无论从资金投入还是人才分布上来看，应急科普与安全文化培育存在城乡发展不均衡的问题；同时，我们说安全文化培育工作要关注弱势群体，关注脆弱性，更加要关注基层、关注农村等容易被忽视的地方。积极加大农村地区科普文化传播经费投入，从自然灾害防治角度开展灾前预防科普工作；用好宣传、科技、科协系统的文化或科普传播平台，建立健全农村应急安全科普、文化传播渠道，助力精准扶贫；开展精准应急科普、安全文化传播，着力解决小城镇、城郊结合部、农村等地区公众应急科普服务能力不足等问题。

第 3 篇

# 安全文化　细水长流

# 试论新时代防灾减灾指导思想的背景、内涵及意义

2016年7月，习近平总书记在河北省唐山市，就如何全面提高国家综合防灾减灾救灾能力发表了重要讲话，明确了防灾减灾救灾工作"两个坚持，三个转变"的指导思想。2016年12月19日，中共中央、国务院出台了《关于推进防灾减灾救灾体制机制改革的意见》，为做好新时代防灾减灾救灾工作指明了方向，具有重要意义。

可持续发展是一个世界性课题，人口、资源、环境和发展问题历来是国际社会普遍关注的热点。灾害是极具破坏力的因子，是经济社会可持续发展的重大制约因素，灾害与环境是人地关系的两个重要组成方面，防灾减灾与环境保护同样至关重要，理应纳入可持续发展视角，也理应成为生态文明建设应有之义。人类只有深刻地认识到"人与灾害"的关系，才能学会与地震等自然灾害风险共处。

## 一、新时代防灾减灾指导思想提出的背景

习近平总书记强调，同自然灾害抗争是人类生存发展的永恒课题。1966年邢台地震、1976年唐山7.8级大地震以及2008年汶川特大地震的惨

---

本文作者张英，2019年发表于《中国减灾》。

痛教训不时提醒我们：要学会与自然灾害风险共处，正确处理防灾减灾救灾和经济社会发展的关系，不断实现"防灾减灾、关口前移"，全面提高国家综合防灾减灾救灾能力。

2016年7月，中共中央总书记、国家主席、中央军委主席习近平在唐山抗震救灾和新唐山建设40年之际，来到河北唐山市，就实施"十三五"规划、促进经济社会发展、加强防灾减灾救灾能力建设进行调研考察，发表了重要讲话。他强调，"同自然灾害抗争是人类生存发展的永恒课题。要更加自觉地处理好人和自然的关系，正确处理防灾减灾救灾和经济社会发展的关系，不断从抵御各种自然灾害的实践中总结经验，落实责任、完善体系、整合资源、统筹力量，增强全民防灾抗灾意识，全面提高国家综合防灾减灾救灾能力。"并明确提出"两个坚持，三个转变"的指导思想：即"坚持以防为主、防抗救相结合，坚持常态减灾和非常态救灾相统一，努力实现从注重灾后救助向注重灾前预防转变、从应对单一灾种向综合减灾转变、从减少灾害损失向减轻灾害风险转变。"习近平总书记在唐山大地震40年之际提出这一指导思想，有着深刻的时代背景。

### 1. 我国复杂严峻的自然灾害形势所迫

我国是世界上自然灾害最为严重的国家之一，灾害种类多，分布地域广，发生频率高，造成损失重，这是一个基本国情。历史上，中国的自然灾害频发、多发，随着经济不断发展，造成损失有日趋增大的趋势，新中国成立以来，曾发生过唐山大地震、汶川大地震、长江沿岸洪灾、舟曲泥石流、系列台风等特大自然灾害。近年来，在党中央、国务院坚强领导下，我国防灾减灾救灾工作取得了重大成就，积累了应对重特大自然灾害的宝贵经验，国家综合减灾能力明显提升。但也应看到，我国面临的自然灾害形势仍然复杂严峻，当前防灾减灾救灾体制机制有待完善，灾害信息共享和防灾减灾救灾资源统筹不足，重救灾轻减灾思想还比较普遍，一些地方城市高风险、农村不设防的状况尚未根本改变，社会力量和市场机制作用尚未得到充分发挥，防灾减灾宣传教育不够普及。这些都需要防灾减灾救灾工作深入改革发展。

**2. 新时代防灾减灾救灾工作指导所需**

灾害与环境是"人地关系"的两个重要组成方面，人类与自然灾害的关系也属于"人地关系"范畴，可以分为如下阶段：第一阶段，人类认识自然和改造自然的能力十分有限，人受制于自然，对自然灾害束手无策。第二阶段，随着人类生产水平的提高，人类逐渐由"敬畏自然"的态度变为"征服自然"，自然成为人类改造的对象，出现了"人定胜天"的思想，但防灾减灾能力依然较弱。第三阶段，经济社会不断发展，可持续发展思想深入人心，人类对自然灾害认识更加科学，"防灾减灾、有备无患、关口前移"的认识不断深化。中国科学院马宗晋院士将中国减灾事业的发展史划分为 3 个阶段：第一阶段是新中国成立以前的几千年，减灾活动以赈灾为主，帝王"祭天求恕""防灾吏制"，安抚于民。第二阶段为新中国成立后，在"为人民服务"的思想指导下，为减轻灾害损失，逐步建立了气象、水利、农林、地震、海洋、地质等专业的灾害科技与减灾工程，政府并组织社会兼事抗灾、救灾、应急减灾，国家减灾实力快速增长，已取得突出减灾实效。21 世纪初进入第三阶段，随着全球变暖等议题广受关注，多类极端灾变遍及各洲，国际社会致力于通过国际合作开展综合减灾实践，以此减轻灾害风险：1989 年联合国成立国际减灾十年委员会，联合国大会于 1994 年颁布横滨战略和行动计划，于 1999 年 12 月通过了国际减灾战略，于 2005 年颁布兵库行动框架，于 2015 年颁布仙台减灾框架。2015 年，联合国减灾署科学技术顾问小组报告中提出"运用科学降低灾害风险"。我国政府已迅即开展全社会应急减灾行动，这一行动需要科学的指导。

## 二、新时代防灾减灾指导思想的丰富内涵

"坚持以防为主、防抗救相结合"。灾害的发生是不能阻止的，但是其带来的损失是可以减少的。灾前预防重要，灾后的减灾、救灾工作也十分重要，应该理性分析对待防灾、减灾、救灾工作，灾前做什么？发生灾害做什么？灾后恢复与重建做什么？不能厚此薄彼。

"坚持常态减灾和非常态救灾相统一"。新时代，理论与实践需要防灾减灾工作不断实现关口前移，不能仅仅关注灾害发生之后的救灾工作。日常工作中，应该关注灾前的防灾减灾准备，如科学研究与灾害监测、工程设防与工程措施、物资储备库建设、灾害教育与应急演练等等。灾害发生须有三要素：孕灾环境、致灾因子与承灾体。不是每次灾都会成害，没有人就没有灾害，灾害损失需要承灾体，如我国西北无人区的干旱就难以致灾。我们的防灾减灾工作不能等着灾害的发生，在灾害来临之前就得做好准备。平时的工作可能默默无闻，但是一旦灾害发生时，做与不做，准备与否，效果截然不同。

"从注重灾后救助向注重灾前预防转变"。联合国前秘书长安南说过"灾前预防比灾后救援更人道、更经济"。来自联合国开发计划署公布的数据显示，灾前每投入1美元，灾后可以节约7美元，它充分说明了提升防灾减灾能力是应对灾害的关键。之前，无论是大众还是媒体都较为关注灾害发生之后的救灾进展等新闻，政策维度也较为关注灾后救助与灾民安置等，灾前预防工作无论从操作难度、还是政绩显示度来看，大多都不被重视。

"从应对单一灾种向综合减灾转变"。灾害管理横向来看，政府统一决策，部门分工负责，相互协作。纵向来看：中央统一领导，地方分级负责，属地为主。2018年前，我国没有灾害管理的综合部门，同时，从灾害链来看，地震灾害发生之后可能发生火灾，也可能发生地质灾害及堰塞湖等水灾，甚至引发瘟疫，涉及部门较广。救灾机制需要从单一向综合转变。国家减灾委员会（简称"国家减灾委"），原名中国国际减灾委员会，2005年，经国务院批准改为现名，其主要任务是：研究制定国家减灾工作的方针、政策和规划，协调开展重大减灾活动，指导地方开展减灾工作，推进减灾国际交流与合作。国家减灾委员会的具体工作由民政部承担。2018年3月，根据第十三届全国人民代表大会第一次会议批准的国务院机构改革方案设立应急管理部，具有重要意义，此举将分散在国家安全生产监督管理总局、国务院办公厅、公安部（消防）、民政部、国土资源部、水利部、农业部、林业局、地震局以及防汛抗旱指挥部、国家减灾委、抗震救灾指挥部、森林防火指挥部等的应急管理相关职能进行整合，实现对生产安全、防灾减灾管理职能的有机整合。不难看出，今后要不断落实综合减灾、关口前移的理念。

"从减少灾害损失向减轻灾害风险转变"。曲突徙薪的故事，我们都耳熟能详，释义：原指把烟囱改建成弯的，把灶旁的柴草搬走。比喻对可能发生的事故应防患于未然，消除产生事故的因素。先见之明，做到防患于未然，这就是减轻灾害风险。同时讽刺那些不懂得防患于未然的人。引申：世上需要救火的英雄，这只能减少灾害损失，更需要能发现忧患于毫末、有先见之明的人，提醒世人对于警示之言不要置若罔闻，方能减轻灾害风险。比如，如何减轻地震灾害风险？应在地震地质构造背景（危险值）不变的情况下，通过隐患排查，加固房屋，开展灾害教育及应急演练等活动，提升公众应急避险能力、提升社会韧性，因时、因地、因人制宜，选取应急避险方法，减轻地震灾害风险。

## 三、新时代防灾减灾指导思想的重要意义

### 1. 指导防灾减灾工作

"两个坚持，三个转变"，概括地说就是我国的防灾减灾救灾工作过去做得好的，我们要继续坚持；存在的不足之处需要加以转变。具体来讲，新时代防灾减灾救灾工作的指导思想有着丰富的内涵，需要我们深入地学习领会，指导新时代防灾减灾救灾工作。今年4月16日，作为我国应急管理体系建设的重要里程碑，应急管理部的组建，有助于加快构建中国特色应急管理体制。专家普遍认为，此举将改变以往应急管理中资源分散、条块分割、各自为政的局面。"统一指挥、专常兼备、反应灵敏、上下联动、平战结合"的中国特色应急管理体制，有利于将防灾抗灾成效最大化、最优化。

## 2. 丰富防灾减灾文化

新时代亟须构建具有国际观瞻、本土情怀的防灾减灾文化体系，培育安全文化孕育的土壤。减灾文化是一个群体对待灾害的思想、理念、态度、行为、习惯等的总称，记载了人类历次面对灾难所表现出来的特有的气质与崇高境界。防灾减灾救灾思想是减灾文化的重要组成部分。丰富防灾减灾文化内涵对推进我国文化建设、社会建设、生态文明建设具有重大意义。我们需要不断地从灾害中吸取教训，通过开展防灾减灾文化建设，普及防灾减灾知识，增强社会公众的防灾减灾科学意识和素质，提高社会公众应对灾害事件的心理承受能力，奠定维护社会和谐稳定的基石。坚持"四个自信"，推进减灾科普传播能力建设，提高国家减灾文化软实力，实现中华防灾文化的对外输出。

## 3. 提升公民防灾素养

我国是世界上自然灾害种类最多的国家，灾害种类多样、发生频次高、造成损失重。近年来，公众防灾素养不断提升。一方面，防灾减灾科普宣传教育可以不断提升公众防灾素养，培育安全文化，构建安全安心社会；另一方面，公众防灾素养提升后，更加容易理解、支持防灾减灾工作。近年来，公众防灾素养不断提升，社会参与参与社会氛围逐渐形成。只有深刻理解了"两个坚持 三个转变"重要论述的内涵，才能让主动防灾、科学避灾、充分备灾、有效减灾成为公众的行动自觉，最大程度地减轻自然灾害风险。

## 整合力量，构建防灾减灾宣教长效机制

新组建的应急管理部将生产安全、公共安全、防灾减灾救灾等方面的资源和力量整合在一起，推动我国从应对单一灾种向综合减灾转变。当前，我国防灾减灾事业发展步入新阶段，处于向更深层次、更宽领域、更高水平发展的关键时期，各项工作全面开展，防灾减灾综合能力逐步提升。同时，仍存在着防灾减灾基本知识普及率相对偏低，民众防灾减灾意识相对淡薄的问题。希望借应急管理部组建的这个契机，成立减灾应急安全研究与培训方面的机构，整合多方面安全宣传教育的资源和力量，构建起防灾减灾宣传教育的长效机制，满足人民群众日益增长的安全需求。

●希望借应急管理部组建的这个契机，成立减灾应急安全研究与培训方面的机构，整合多方面安全宣传教育的资源和力量，构建起防灾减灾宣传教育的长效机制，满足人民群众日益增长的安全需求。

●不仅要培养专业化人才，还要发掘兼职人才，建立志愿者队伍，加强防灾减灾科普宣传方面的研究，为防灾减灾科普工作提供人才保障和智力支撑。

●防灾减灾教育事业发展最终目标是构建社会防灾减灾文化，建设安全安心社会。

新组建的应急管理部将生产安全、公共安全、防灾减灾救灾等方面的资源和力量整合在一起，推动我国从应对单一灾种向综合减灾转变。当前，

---

本文作者张英，2018年发表于《中国安全生产报》。

我国防灾减灾事业发展步入新阶段，处于向更深层次、更宽领域、更高水平发展的关键时期，各项工作全面开展，防灾减灾综合能力逐步提升。同时，仍存在着防灾减灾基本知识普及率相对偏低，民众防灾减灾意识相对淡薄的问题。希望借应急管理部组建的这个契机，成立减灾应急安全研究与培训方面的机构，整合多方面安全宣传教育的资源和力量，构建起防灾减灾宣传教育的长效机制，满足人民群众日益增长的安全需求。

如何构建防灾减灾宣传教育长效机制，我认为可以从三个方面入手。

## 一、加强防灾减灾科普教育工作

强化大宣传的意识。强化"大宣传"意识，从形式上来说，就是要整合科普宣传、新闻宣传与法规工作宣传等；从人员上来说，就是要推动"全民"搞宣传。不仅要培养专业化人才，还要发掘兼职人才，建立志愿者队伍，加强防灾减灾科普宣传方面的研究，为防灾减灾科普工作提供人才保障和智力支撑。广泛动员各类专业人员、离退休科技人员和社会其他人员积极参与防灾减灾科普工作，建立健全防灾减灾科普专家宣讲团队、创作团队和传播团队。加强人才的引进和培养，优化人才队伍结构，建立促进人才成长的激励机制，不断提高防灾减灾科普队伍的科学素质与水平。定期举办防灾减灾科普成员与媒体的交流互动活动，搞好舆情、新闻宣传工作。

## 二、开展防灾减灾科普宣教研究，加大教育培训力度

开展防灾减灾科普宣教研究，我认为应该做到五点：一是检测公民防灾素养，通过发布白皮书、蓝皮书，做到理论研究服务于实践。二是开展灾后心理康复研究，通过构建专家队伍、建设心理教室等形式开展研究与实践工作。三是开展教育培训教学资源库内容研究，开发形式多样的教具，出版精品教材、科普读物、教师读本，梳理防灾减灾科普教育内容要点，制定指导纲要等。同时，开展师资队伍建设、评价标准研究。四是开展灾

害社会学相关研究，开拓灾害文化、灾害史等领域。防灾减灾教育事业发展最终目标是构建社会防灾减灾文化，建设安全安心社会。五是开展舆情分析与引导策略研究。舆情及新闻应对工作至关重要，可以纳入年度工作。

同时，加大教育培训力度，可以从举办科普大讲堂，开展有关系统工作人员专业能力提升培训，开展科普师资、志愿者培训等工作入手。

## 三、重视防灾减灾科普宣传教育，积极构建长效机制

一是要重视灾害教育，构建教育体系。无论是通过完善防灾减灾的专门性法律，还是通过完善教育方面的法律规章，国家都应将开展灾害教育的内容纳入其中，以法律强制的方式确保灾害教育的实施效果。同时，也应尽早出台灾害教育纲要，构建灾害教育课程体系，促进灾害教育发展。

二是要加大理论研究，提升实践水平。灾害教育研究不应局限在呼吁式研究、经验介绍式研究。应该引入实证，促进从宏观向中观、微观深入。建议成立灾害教育研究中心，确定灾害教育研究的发展方向。

三是要制定指导纲要，设计教育课程。应尽早制定学校灾害教育指导纲要及学校灾害防救计划。学校灾害教育指导纲要应明确灾害教育的目标与教学要求，在此基础上才能正确设计课程，进行教学及评价，以保证灾害教育收到良好的教学效果。

四是要开展教学研究，创新评价方法。对学校而言，应当以增强灾害意识、提高防灾素养为核心，与社区联合开拓教育资源，不断优化灾害教育的内容和形式，进一步完善灾害教育课程体系。要努力实现灾害教育教学方式、模式的多样化，将课堂学习与课外活动相结合，重视灾害演练。教学中也应以探究式教学、体验式教学为主，提高学生的参与度与兴趣，从而保证教育效果。

五是要开展师资培训，提高教师素养。可以通过灾害教育的师资培训、防灾素养的调查分析来推进灾害教育。建议成立培训专家团队，开展国际交流合作，着力提高教师的防灾素养。建议建设科普教育网、研修网络平台，开展教师培训，尤其要关注落后地区、易发生灾害的地区的师资培训。

# 聚焦防灾素养 培育安全文化

防灾减灾理应成为生态文明建设应有之义,防灾减灾工作是可持续发展战略的重大课题,防灾减灾目标的实现在很大程度上依靠防灾减灾、安全文化的发展。

今后要站在生态文明的高度处理人与人、人与自然的关系,以新时代新理念指引工作,健全国家应急体系,提高防灾减灾救灾能力。加强安全生产,防范遏制重特大事故。把安全生产、防灾减灾工作融入应急管理大局。相应的安全宣教工作的价值就在于提高公众防灾素养,培育安全文化,建设安全安心社会。

## 一、构建框架体系

大应急背景下,如何把科普宣传、新闻宣传与法规宣传相融合,构建科学、系统的宣教大格局;如何有机整合安全生产宣传教育,防灾减灾、应急科普内容体系;如何把防灾减灾科普教育与学校安全教育、与社会、经济发展相融合等问题值得探究。

同时,需要构建全媒体的平台,不断整合资源内容,实现资源共享,

---

本文作者张英,2004年发表于《防灾小卫士》公众号。

配以多种形式的活动，惠及公众。

## 二、聚焦防灾素养

当前，我国正经历着人类历史上速度最快、规模最大的城镇化进程，城市各种复杂的风险问题不断涌现，如何建立健全公共安全治理体系，是当前迫切需要研究和解决的问题。社会韧性是韧性城市重要的组成方面，韧性城市建设的基础就是搞清楚公众的防灾素养现状水平，增强民众意识。

灾害意识与防灾素养是衡量一个国家或地区文明进步程度的一种标识。防灾素养是指公民具备的防灾减灾知识、能力与态度。具体包括防灾知识、防灾技能与防灾态度三个层次，增强公民的灾害意识，提高公民的防灾素养是灾害教育的核心。

汶川地震等特大地震发生后，在一定程度上唤起了民众对灾害议题及防灾减灾工作的关注，增强了民众的防灾减灾意识，提高了素养。

但是民众防灾素养水平究竟如何？如何提高？这些问题亟待回答。有研究者指出我国公民灾害意识淡薄，但目前尚缺乏科学详细的大数据支撑。

## 三、推进场馆立项

鉴于科普教育基地的重要作用，应积极推进场馆立项建设工作。我们要学会与灾害风险共处，目前我国缺乏必要的防灾减灾教育类场馆；公众普遍存在防灾素养偏低的问题，公众防灾意识亟待增强；加之城市流动人口众多，辐射和带动作用巨大，防灾减灾教育场馆建成后可以惠及各地。利用城市建设契机，谋划布局灾害教育类场馆，既是造福公众的惠民工程，又可提升城市软实力，同时还能发挥科普资源的辐射和带动作用，惠及周边地区乃至全国的公众，甚至可以成为对外交流的文化名片，实现中华优秀的防灾文化对外输出。

## 四、培育安全文化

我国是世界上自然灾害种类最多的国家，灾害种类多样、发生频次高、造成损失重。近年来，公众防灾素养不断提升。一方面，防灾减灾科普宣传教育能够不断提升公众防灾素养，培育安全文化，构建安全安心社会。另一方面，公众防灾素养提升后，会更加容易理解、支持防灾减灾工作。近年来，公众防灾素养不断提升，全社会参与的氛围逐渐形成。

新时代亟须构建具有国际视瞻、本土情怀的减灾安全文化体系，培育防灾减灾安全文化的土壤。丰富减灾安全文化内涵对推进我国文化建设、社会建设、生态文明建设具有重大意义。我们需要不断地从灾害中吸取教训，通过开展减灾安全文化建设，普及防灾减灾知识，提高社会公众的防灾素养，推进传播能力建设，增强国家减灾安全文化软实力。

# 应急科普要细水长流

突发事件分为自然灾害、事故灾难、公共卫生事件及社会安全四大类。按照《深化党和国家机构改革方案》，应急管理部门主要负责处置自然灾害、事故灾难两大类突发事件。应急管理部的组建，极大地促进了我国应急管理事业的发展。同时，公众的防灾减灾素养与应急安全素质得以提升。应急管理理应是对重大灾害、事故的全过程管理，贯穿于灾害、事故发生前、中、后的动态的过程。理应不断落实"坚持以防为主、防抗救相结合，坚持常态减灾和非常态救灾相统一，努力实现从注重灾后救助向注重灾前预防转变，从应对单一灾种向综合减灾转变，从减少灾害损失向减轻灾害风险转变"的要求。防灾减灾需要不断实现关口前移，而应急科普是重要的手段和途径之一，这样方能与工程、科技、政策等措施一道，全面提升全社会抵御自然灾害的综合防范能力。

## 一、应急科普的层次与问题

应急科普是整个应急管理系统不可或缺的重要因素，国务院办公厅《关于印发应急管理科普宣教工作总体实施方案的通知》指出应急管理科普

---

本文作者张英，2020 年发表于《科普时报》。

宣教工作对于增强公众的公共安全意识、社会责任意识和自救互救能力，提高各级组织的应急管理水平，最大程度地预防和减少突发公共事件及其造成的损害，具有十分重要的意义。

应急科普的概念内涵可以从以下几个层次理解：

（1）关于应急知识的科普。这个主要是在灾前，开展防灾减灾、安全生产以及应急救援等应急管理知识的科普，关注知识层面较多。

（2）在突发事件应对时段的应急科普。主要是提升应急技能，学会自救互救技能，如新冠肺炎的预防措施"勤洗手、戴口罩、多通风、少聚集"；地震灾害发生之后是否有余震的科普，灾害发生如何避免疫情、次生灾害的发生等，以实用导向为主。

（3）为了应急安全与减灾的科普。这个层次包括辟谣平台的建设，舆情分析与处置、灾后心理康复等，提升公众应急科学素质，较为宏观和系统，关注整体和长期。

科普的作用一方面可以增强老百姓的应急意识，保护自己生命安全；另外一方面更加能支持理解应急管理部门以及政府部门的工作决策，对于应急管理系统工作的开展具有积极重要的作用。目前应急管理科普需开展以下几方面工作：一是科普资源需要整合，避免重复、低水平建设；二是需要建设线上与线下的平台，线上的平台实现数字资源的整合，线下的平台发挥科普教育基地的作用，权威发布的同时铲除谣言产生的土壤；三是壮大队伍、探索应急管理科普从业人员职称制度、激励机制，开展顶层规划设计。

## 二、应急科普的发展

新时代需要新担当新发展。面向未来的应急管理科普事业需要新跨越、实现新发展，不断满足公众、社会的科普需求，应该通过打造权威平台、整合资源，不断提高履职创新能力而不断发展。

在文献综述、听取专家意见、调研的基础上，提出相关建议如下：

### 1. 开展国家应急科普能力建设

研究、颁发相关的文件、制度与管理办法，成立相关的议事机构，开展应急管理科普工作。一个部门不能涵盖应急科普的所有内容，需要多部门合作；当然也可以在国家减灾委、国务院安委会的框架下开展科普工作。重视应急科普研究工作，在研究的基础上提出相关政策建议。国务院相关部委推动科普工作的做法是大同小异，一般是先联合或者单独印发科普规划或者加强科普工作意见全面推动科普工作，之后印发行业科普基地管理办法、人才队伍培养办法等具体工作指导文件，部分部门还配有"十二五""十三五"科普发展规划等政策，推动形成科普教育体系。

### 2. 充分发挥相关协会及专家智库的作用

如发挥中国科普作家协会应急安全与减灾科普专委会及相关协会的作用，通过召开研讨会、开展相关科普创作能力提升的培训，解决科普产品低水平、重复建设的问题，培育一大批科普精品，多平台推广，实现资源共享，惠及全体公众。同时，可以开展公益应急科普大讲堂活动，现场互动、答疑解惑，提升公众应急科学素质。

### 3. 充分调动应急管理科普从业人员积极性

壮大人才队伍。设置相关的课题、奖励以及职称制度。北京市科普人员职称制度试点改革已经取得了一系列的成效，值得借鉴与参考。

### 4. 发挥市场机制

利用新技术，充分调动社会力量参与的积极性，研发、推广相关科普产品、文创产品，让科普更有生命力。比如，预警系统与相关软件的结合绑定，做好信息发布的同时，开展相关科普工作；做好相关的应急科普传播服务以及评估工作；做好新技术充当科普内容创作的技术支撑，繁荣应

急管理科普创作。

### 5. 开展应急科学素质检测

如依托防灾素养区域、年度跟踪检测来调研应急管理科普工作的绩效。加强动态监测工作，为地方应急管理工作做好服务支撑。

### 6. 充分发挥应急安全科普体验场馆的重要作用

鉴于应急管理科普基地的重要性，需要开展顶层设计与规划，如发布管理办法，进而实现基地分级分类管理，发挥阵地作用。

### 7. 关注落后地区、关注弱势群体

现在应急科普资源，如场馆主要集中在城市、经济发达地区。落后地区同时也是灾害易损地区，基础设施建设缺乏维护、公众防灾素养不高，更要注重开展应急科普工作。

# 由 2020 防灾减灾日主题说开去

## ——"提升基层应急能力，筑牢防灾减灾救灾的人民防线"

安全与发展是防范化解重大风险、实现中华民族伟大复兴必须面对和考虑的基本议题。我国是世界上自然灾害最为严重的国家之一，灾害种类多，分布地域广，发生频率高，造成损失重，这是一个基本国情。灾害是影响经济、社会可持续发展的制约因子；同时，我国安全生产形势虽然稳中向好，但也不能低估事故灾难所带来的影响。我们需要不断加强应急科普工作，培育安全文化，更好地满足人民日益增长的对公共安全日益增长的新需要。

### 一、安全文化培育的实践

安全文化是社会主义文化的重要组成部分，安全文化建设经过多年工作实践，已经探索出诸多有效途径，取得了一定成绩，具有广泛的群众基础和良好的发展条件。由于受多种因素的影响，安全文化建设与人民群众对安全生产的迫切希望仍然存在一定差距。

---

本文作者张英，2020 年发表于应急部宣教微信；后修改刊登于《科普时报》《生命与灾害》。

安全文化培育是一个漫长积累、沉淀的过程，不可能一蹴而就。本文通过选取国内外案例，旨在对比、总结先进国家、地区经验，同时，可以此为经验开展安全文化培育能力建设。日本、美国等国家注重公众参与体系建设。日本公民防灾安全科学素质较高源于有完备的防灾计划；"自救和互救在先，公救其次"的理念；丰富多样的科普教材与教育训练；丰富多样的宣传教育活动；积极发挥民间组织纽带、多方协作的作用；重视平台建设、资源共享。美国联邦在各地都建立了培训中心和培训基地，吸收日本经验、推广CERT社区第一应急响应人的培训，较为关注应急技能层面，落实"社区的安全自己来维护"的理念。政府部门FEMA及相关机构如红十字会、灾害教育协会也都发挥了积极作用：构建专家库；搭建交流平台；加强与公众的联系沟通，多途径帮助公众做好防灾救灾的准备工作，提高灾害应对能力。同时，相关研究单位也都设置了公共宣传科普部门，开展公众服务。澳大利亚根据本国国情，根据其职责所涉领域不同建立了"联邦—州与地方—社区"三层次的应急管理体制和机制，较为关注志愿者队伍建设、注重社区功能的发挥。

随着经济社会发展，我国各地各级政府、应急管理等部门越来越重视安全文化培育工作，各有特色。如广东省深圳市的安全文化建设较有特色，推进安全文化阵地建设、丰富安全文化活动、推广安全文化典型模式。浙江省温州市通过政府引导支持，温州市的民间资金充分发挥优势，建成了一批各具特色的示范基地，安全宣传教育示范点形成精品样板，以点扩面，辐射周围地区。陕西西安市在安全生产月期间，通过文艺晚会等形式，弘扬应急管理正能量，营造积极的社会氛围，培育安全文化。

进入新时代，需要更加重视该项工作，面临新形势、摸清新情况、聚焦新问题，积极开展公众服务，有必要开展相关调研、调查工作，继续推动安全文化培育工作高水平、跨越式发展。由于多种因素的存在，安全文化建设也存在以下问题：尚未形成合力，亟须顶层设计；缺乏理论指引，标准尚需打造；缺乏长效机制，成果需要转化；阵地尚未纳入，人才尚需培育等。

## 二、动员公众参与，筑牢人民防线

公众参与泛指普通民众为主体参与，推动社会决策和活动实施等。应急管理工作走群众路线，群防群治，筑牢群众防线。比如政府部门协作配合、各司其职，将非政府组织纳入安全文化培育体系。人民既是贡献者，也是获得者，我们的工作要以人民为中心，加大对安全文化培育工作的投入，为公众提供公共产品与服务，让人民更有获得感。

2018年中国公民科学素质建设报告显示：2018年，中国公民具备科学素质的比例为8.47%，北京公民具备科学素质的比例为21.48%。可以看出，随着经济社会不断发展，公民科学素质不断提升，《全民科学素质纲要》中涉及安全科学素质层面的内容大概占1/4，可见公民安全科学素质的重要价值；毋庸讳言，据调查，公民安全科学素质尚有提升空间。当前，应适时发布《公民安全素质基准》并开展监测研究，发布白皮书或蓝皮书。

1995年，阪神淡路地震中从坍塌房屋中抢救出来的幸存者，八成得益于家人及邻居的救助，我国唐山大地震亦如此。2008年，汶川地震中的这一数据高达九成。2011年，311东日本大地震中，社区居民的自助、地方社区里的互助在避难引导，避难所运营方面发挥了重要作用。总结东日本大地震的经验，人民普遍认为自助、互助、公助应该平衡（56.3%，同期增加18.9%），不能仅仅依靠公助。同时，我们也需要落实"小灾靠地方、中灾靠省级政府、大灾靠中央"的思想，理解有限政府的治理理念，不能仅仅等靠要，动员全民参与，筑牢应急管理的群众防线。

汶川等特大地震发生后，在一定程度上唤醒了民众对应急管理工作的关注，应急安全科学素质有所提升，但是民众安全科学素质水平缺乏数据支撑。公众长期对应急管理工作缺乏了解，让公众理解安全文化，进而理解安全文化工作绝非易事。如在地震科普宣传过程中，淡化宏观异常宣传，降低公众对地震短临预报的期望；对谣言进行及时澄清，营造科学理性的社会氛围，消除封建迷信、伪科学、极端思潮滋生的土壤。这样就会更加主动，把谣言扼杀于摇篮之中。同时可以加强应急避难场所相关工作内容，让公众熟悉周边熟悉的应急避难场所，提升应急安全素质。

现阶段，调研显示，无论从资金投入还是人才分布上来看，安全文化培育存在城乡发展不均衡的问题；同时，我们说安全文化培育工作要关注弱势群体，关注脆弱性，更加要关注基层、关注农村等容易被忽视的地方。积极加大农村地区安全文化传播经费投入，从自然灾害防治角度开展灾前预防科普工作；用好宣传、科技、科协系统的文化或科普传播平台，建立健全农村应急安全科普、文化传播渠道，助力精准扶贫；开展精准安全文化传播，着力解决小城镇、城郊结合部、农村等地区公众科普服务不足等问题。

# 应急管理工作应重视安全文化培育

5月6日，国务院安委会办公室、应急管理部联合印发《推进安全宣传"五进"工作方案》，对做好新形势下安全宣传工作进行统一部署，明确工作重点，细化任务举措，提出具体要求。

提高公众安全素质、培育安全文化是当今应急管理工作的关键内容，对于提高应急处置水平、增强事故预防实效、减轻灾害风险等具有重要作用。而如何构建安全文化培育体系，是当前迫切需要研究和解决的问题。

## 一、顶层设计与多方协同并举

安全文化建设应由应急管理部门主导、相关部门协同、全社会参与。推进安全文化培育体制机制建设，建立完善有关宣教机构上下沟通联动机制，形成政府、部门、行业、企业各方共同参与的安全文化传播体系。应充分发挥安全文化机构的作用，加强与各级工会、共青团、妇联等群众团体的协调，实现资源共享、分工协作，提高安全文化影响力。

现阶段，要充分认识安全文化长效机制构建的重要性、必要性和紧迫性。建设与完善涉及安全文化培育的政策法规体系；整合分散在各专项应急

---

本文作者张英，2020年发表于《科普时报》。

法律法规、规章和制度中的安全文化培育内容；研究安全文化培育纲要；构建各部门各地方大联合大协作的长效机制，强化政策、经费、人才保障。同时，应创新公民安全科学素质建设的评估方法，完善公民安全科学素质调查体系。

## 二、以理论研究助力成果转化

深入开展安全文化相关研究。充分发挥应急管理系统科研机构和高等院校的作用，形成以安全发展为核心、各具特色的安全文化培育理论体系；鼓励各地区、各有关部门和企业单位，结合自身特点，开展基本理论研究，界定安全文化概念、功能、培育途径、策略等内容；创新研究模式，开展实证研究，摸清区域安全文化水平；开展案例研究，打造培育传播，示范带动；开展安全文化比较研究，明确特色与差异，吸收借鉴先进经验。同时，积极开展安全文化学术交流，开展安全文艺创作。

充分利用社会资源和市场机制，切实做好理论成果转化应用。促进原创性、高水平的安全文化作品创作，加快出版发行种类齐全、喜闻乐见的安全文化文创产品，全方位传播，惠及民众，促进繁荣安全文化市场。

## 三、合理分配资源提升公众参与

汶川等特大地震发生后，在一定程度上唤醒了民众对应急管理工作的关注，安全素质有所提升，但是民众安全科学素质水平缺乏数据支撑。公众长期对应急管理工作缺乏了解，让公众理解安全文化，进而理解安全文化工作绝非易事。

调研显示，现阶段无论从资金投入还是人才分布上来看，安全文化培育存在城乡发展不均衡的问题。同时，安全文化培育工作要关注弱势群体，关注脆弱性，更加要关注基层、关注农村等容易被忽视的地方。积极加大农村地区安全文化传播经费投入，从自然灾害防治角度开展灾前预防科普工作；用好宣传、科技、科协系统的文化或科普传播平台，建立健全农村安全文化传播渠道，助力精准扶贫；开展精准文化传播，着力解决小城镇、城郊结合部、农村等地区公众科普服务不足等问题。

整合优化安全文化资源，构建全媒体的平台，不断整合资源内容，实现资源共享，配以多种形式的活动，融入社会教育、学校教育与家庭教育，惠及公众。同时，应加强国家、省、市、县四级安全文化阵地建设，鉴于应急安全体验场馆的重要意义，积极推进场馆立项建设工作。

## 四、以实践活动助力长效机制构建

继续深入扎实开展全国"安全生产月"等活动，培育和塑造富有吸引力和感染力的安全文化活动品牌。充分利用广播、电视、报刊、网络等媒体，加强安全发展理念的宣传贯彻，使其深入人心、扎根基层，让群众有获得感，指导和推动工作实践。

推进安全知识进企业、进农村、进社区、进学校、进家庭，增强全民安全意识和安全素质。加强校园安全文化建设，推动安全知识进课堂，将安全知识的普及纳入国民教育序列，在中小学开设安全应急类课程，在高等院校开设安全文化知识和应急管理选修课程。积极开展安全生产和应急救援公益宣传活动，增强社会公众安全防范意识和自救互救能力。加强从业人员安全生产知识和技能培训。

## 五、建立健全人才培养和评价机制

我国公民的安全意识较为淡薄，这不利于国家整体安全观的构建。建议各级应急管理部门组建一支包含策划、创作、制作、传播、研究和管理等方面人才的安全文化研究团队，加大经费支撑和工作探索力度，总结文化培育经验，培养文化传播人才。尽快制定人才考核评价指标体系和激励措施；积极表彰在安全文化培育工作中做出突出业绩的部门、团体和个人，大力鼓励专兼职工作者干事创业。健全专兼职的安全文化队伍。积极组织开展安全文化相关业务培训，改进方式、方法，提高安全文化创作与传播工作的质量和水平。

## 六、加强国际交流助力自身水平提升

新时代,应急管理工作需要不断实现关口前移。应通过科学研究、应急管理,不断提高危机风险应对能力,加强应急管理交流合作。

在安全文化培育方面,建议开展国际交往合作。同时,可以在地震遗址地或应急安全类场馆的展示、保护、教育的功能的基础上增加研究、国际交往功能;也可以通过举办参与式活动、学术研讨等形式开展国际交流合作,输出中华优秀的安全文化,构建人类命运共同体。

# 消防科普应与应急科普相融合

当前新冠肺炎防疫期间,公众对医学科普、应急防护与救援等相关的科普内容需求迫切,很多学者在期刊媒体也发表了应急科普的相关文章,对我国应急科普体制机制建设建言献策。这不失为一种积极的现象,可以在一定程度上促进我国应急科普的相关研究与实践。同时,两会期间,不少委员积极建言献策于应急管理事业改革发展,其中对应急科普长效机制建设颇为关切,值得我们关注与思考。

## 1. 消防科普应与应急科普相融合

大应急背景下,应急管理系统的科普(防灾减灾、安全生产以及应急救援等)内容如何融合?值得我们深入思考。现阶段,四类突发公共事件分属不同部门管理,随着经济社会发展,公众对健康、安全更为关注,公众需要的应急科普应该是系统的、立体的、全方位的,不是仅仅存在于一个领域,由一个部门的宣教类、科普类机构负责,这也值得我们关注。从国家层面急需建立国家应急科普体制机制,成立专门机构或委员会,将应急科普纳入应急管理预案与体系;遴选专家,组建研究与传播团队,探索政府—专业人士—媒体高效沟通合作的应急科普传播机制,建立权威发声通

---

本文作者张英,2020 年发表于《中国消防杂志社》公众号。

道、平台，提高传播效率，铲除谣言产生的土壤，提升公众应急安全科学素养，维护社会安全稳定。

**2. 消防科普应该更加注重火灾预防、初期火灾处置和疏散**

"消防"即消除隐患，预防灾患（即预防和解决人们在生活、工作、学习过程中遇到的人为与自然、偶然灾害的总称），当然狭义的意思在人们认识初期是：（扑灭）火灾的意思。科普应传递给公众一种科学思维，虽身处困境，要沉着冷静，因地、因人、因时制宜，选择正确的应急避险方法。消防科普工作要关注弱势群体，关注脆弱性。更加要关注基层、关注城乡接合部、农村等容易被忽视的地方。

**3. 更要关注公众参与**

公众参与泛指普通民众为主体参与，推动社会决策和活动实施等。应急管理工作走群众路线，群防群治，筑牢群众防线。比如政府部门协作配合、各司其职，将媒体、学会、非政府组织、科技馆等主体纳入应急消防科普体系。实施主体应该统一协作，形成合理结构，发挥更大的功能，通过科普减轻火灾所带来的影响。如开展全民防火减灾周运动，开展以社区为单元的公众教育，使民众形成"自助为主，共助为辅，公助为补"的意识，自力更生，身处危险时，最大程度保护自己的生命。

# 新时代安全文化培育的几点思考

我国正经历着人类历史上速度最快、规模最大的城镇化进程，城市各种复杂的风险问题不断涌现，国外通过应急安全文化体系建设的推进，已经形成一种积极的预防文化。如何构建安全文化培育体系，是当前迫切需要研究和解决的问题。

## 一、培育安全文化的重大意义

安全与发展是防范化解重大风险、实现中华民族伟大复兴必须面对和考虑的基本议题。我国是世界上自然灾害最为严重的国家之一，灾害种类多，分布地域广，发生频率高，造成损失重，这是一个基本国情。可以说，灾害是影响经济、社会可持续发展的制约因子。同时，我国安全生产形势虽然稳中向好，但也不能低估事故灾难所带来的影响。

马斯洛需要层次理论指出安全需要是人类最基本的需要。培育安全文化，对于增强公众的公共安全意识、社会责任意识和自救、互救能力，提高各级组织的应急管理水平，最大程度地预防和减少突发公共事件及其造成的损害，具有十分重要的意义。

---

本文作者张英，2020 年发表于《中国减灾》，有删减。

进入新时代，需要更加重视该项工作，面临新形势、摸清新情况、聚焦新问题，积极开展公众服务，有必要开展相关调研、调查工作，继续推动安全文化培育工作高水平、跨越式发展。由于多种因素的存在，安全文化建设也存在以下问题：尚未形成合力，亟须顶层设计；缺乏理论指引，标准尚需打造；缺乏长效机制，成果需要转化；阵地尚未纳入，人才尚需培育等。

## 二、培育安全文化新视角

提高公众安全素质、培育安全文化是当今应急管理工作的关键内容，这对于提高应急处置水平、增强事故预防实效、减轻灾害风险等具有重要作用。中共中央政治局2019年11月29日就我国应急管理体系和能力建设进行第十九次集体学习，习近平在主持学习时发表了讲话。他指出，要坚持群众观点和群众路线，坚持社会共治，完善公民安全教育体系，推动安全宣传进企业、进农村、进社区、进学校、进家庭，加强公益宣传，普及安全知识，培育安全文化，开展常态化应急疏散演练，支持引导社区居民开展风险隐患排查和治理，积极推进安全风险网格化管理，筑牢防灾减灾救灾的人民防线。值得应急管理战线宣教工作者思考和学习，并按照这些新要求来指导具体工作实践。

社会学家乔恩·威特将文化定义为：人类为了建立人与自然及人与人之间的关系而创造的一切事物。安全文化的概念却众说纷纭，但大多数学者基本认可：安全文化理应包括涉及安全的语言、价值观、规范和约束。安全文化的概念最先由国际核安全咨询组于1986年针对切尔诺贝利事故，在报告提到"苏联核安全体制存在重大的安全文化的问题"。安全文化的基本功能有：导向功能、凝聚功能、激励功能、约束功能。安全文化研究的具体对象：安全观念文化、安全行为文化、安全制度文化和安全环境文化。中国的安全文化研究经历了介绍式研究、呼吁式研究、比较式研究及案例研究，缺乏深入的基于实证的理论研究。安全文化的研究目标：通过确立"以人为本、安全第一"的安全理念，实现公民生存权、劳动权、生命权的维护和保障，促进安全发展。

## 1. 推进社会治理

社会治理聚焦于激发社会组织活力、预防和化解社会矛盾、健全公共安全体系等；社会治理更突出地强调"鼓励和支持各方面的参与"，强调更好地发挥社会力量的作用；"社会治理"更加强调制度建设，特别要用法治思维和法治方式化解社会矛盾，社会治理体系可以说是国家治理体系的一个重要组成部分。

应急管理是指在相关紧急情况下，面临着突发性的紧急事件，为了将紧急事件的风险降到最低限度，各级相关公共危机管理主体必须在有限时间和有限资源的情况下，做出关键决策，进行社会动员，采取应对措施。公民的安全科学素质、社会的安全文化水平决定了应急管理社会动员的效果；公民作为自救互救的关键力量，应急技能与知识至关重要。应急管理领域的社会治理是指在执政党领导下，由政府组织主导，吸纳社会组织等多方面治理主体参与，对社会公共事务进行的治理活动，如开展安全文化建设与科普工作、开展房屋加固，解决灾害脆弱性问题，关注弱势群体、关注老少边穷地区。

引导、规范非政府组织、发展志愿者组织参与安全文化工作，大力发展社会力量参与安全文化工作。多个非政府组织在与地方党政部门总体统筹下通过社会力量在社区、学校开展文化培育。非政府组织希望通过"自下而上"的模式推广安全教育，提升基层群众的意识与安全素质，进而培育安全文化；如救助儿童会编译了"家庭减灾计划"，壹基金也通过减灾小课堂开发了资源包、教师教育读本，在全国多个项目点进行推广。值得一提的是，此类的机构还有很多。

## 2. 动员公众参与

公众参与泛指普通民众为主体参与，推动社会决策和活动实施等。应急管理工作走群众路线，群防群治，筑牢群众防线。比如政府部门协作配合、各司其职，将非政府组织纳入安全文化培育体系。人民既是贡献者，也是获得者,我们的工作要以人民为中心,加大对安全文化培育工作的投入,为公众提供公共产品与服务,让人民更有获得感。

2018年中国公民科学素质建设报告显示:2018年,中国公民具备科学素质的比例为8.47%,北京公民具备科学素质的比例为21.48%。可以看出,随着经济社会不断发展,公民科学素质不断提升,《全民科学素质纲要》中涉及安全科学素质层面的内容大概占1/4,可见公民安全科学素质的重要价值;毋庸讳言,据调查,公民安全科学素质尚有提升空间。当前,应适时发布《公民安全素质基准》并开展监测研究,发布白皮书或蓝皮书。

1995年,阪神淡路地震中从坍塌房屋中抢救出来的幸存者,八成得益于家人及邻居的救助,我国唐山大地震亦如此。2008年,汶川地震中的这一数据高达九成。2011年,311东日本大地震中,社区居民的自助、地方社区里的互助在避难引导,避难所运营方面发挥了重要作用。总结东日本大地震的经验,人民普遍认为自助、互助、公助应该平衡(56.3%,同期增加18.9%),不能仅仅依靠公助。同时,我们也需要落实"小灾靠地方、中灾靠省级政府、大灾靠中央"的思想,理解有限政府的治理理念,不能仅仅等靠要,动员全民参与,筑牢应急管理的群众防线。

### 3. 加强文化自信

文化是根,春风化雨,润物无声,滋养华夏民族千年生生不息;平安是福,内化于心,外化于行,安全文化根植于泱泱中华的悠久文化,呵护中华民族安康永续。我国传统文化有很多应急管理思想的积极因素:东汉史学家荀悦在《申鉴·杂言》中说,对于风险要"防为上,救次之,戒为下"。同时也有很多成语典故,如居安思危、曲突徙薪、防患于未然、未雨绸缪、"凡事预则立,不预则废";也有一些消极因素,如讳疾忌医的典故告诉我们,国人对病和灾一般较为忌讳。对待传统防灾安全文化要发扬扬弃的精神,精华的部分予以发扬,糟粕的部分要予以摒弃;对待国外文化也如此,世界上也流行着以下名言:"灾害会在人们忘记的时候来临,灾前预防比灾后救助更人道也更经济",这值得我们借鉴,树立危机意识,防灾减灾、关口前移。

不要人夸颜色好，只留清气满乾坤。假以时日，科学规划、全面渗透，我国的公民的安全素质定能提升。日本国民防灾素养高，一方面是对多灾的自然环境的响应，另外一方面是安全文化培育的成果，当然也和守规矩的民族特性有关。对于国外经验要用他山之石攻己之玉，使之在不断完善、不断总结、不断提炼中，构建大国安全文化体系，最终输出优秀的安全文化。

安全文化的培育对于提升我国文化软实力具有积极作用。文化自信是一个国家、民族和政党对自身文化价值的充分肯定，对自身文化生命力的坚定信念。对国家、民族和政党而言，是文化软实力的重要标志，是国家综合国力的重要构成要素，而且是民族自尊心、自信心和自豪感的集中体现。我国在历次大灾之后的"一方有难八方支援"现象，无疑源自优秀的中华传统文化；同时，政府高效开展灾害救助、灾后重建工作，确保灾后社会秩序井然有序；发挥了社会主义国家集中力量办大事的体制优势，为多国所羡慕。

## 三、安全文化的新发展

《"十二五"安全文化建设纲要》提出了"着力加强企业安全文化建设，推动安全文化建设示范工程加强安全文化阵地建设，创新形式，丰富内容，形成富有特色和推动力的安全文化，为实现我国安全生产状况根本好转创造良好的社会舆论氛围"，可见，安全文化的产生与发展和安全生产密不可分，起初主要为安全生产主管部门、企业层面较为关注，安全文化建设作为提升企业安全管理水平、实现企业本质安全的重要途径一直发挥着积极作用；随着经济社会不断发展，安全文化逐渐为全社会所熟知和关注。

### 1. 实现三个转变

做好新时代安全文化培育（知识普及、宣传五进、安全教育三位一体）工作，要坚持总体国家安全观，努力践行以人民为中心的发展思想，运用社会治理思维、动员公众参与、增强文化自信、构建长效机制、筑牢人民防线；形成全民动员参与的社会化工作格局、加强公共服务能力，提高公民安全科学素质，最大限度保障人民群众生命财产安全，为实现中华民族伟大复兴作出新的更大贡献。

安全素质是衡量一个国家或地区文明进步程度的一种标识。安全素质是指公民具备的安全知识、能力与态度。具体包括安全知识、安全技能与安全态度三个层次，个人行为受个人的知识、态度、意识的影响，提高公民的安全素质是安全文化培育的核心与基础。

进入新时代，安全文化建设需要转向为安全文化培育，从聚焦企业主体转变为关注全体公民；从聚焦安全生产转变为关注应急管理；从聚焦建设示范转变为关注培育传播。

### 2. 构建培育体系

新时代亟须构建具有国际观瞻、本土情怀的中国安全文化体系，培育安全文化孕育的土壤。丰富安全文化内涵对推进我国文化建设、社会建设、生态文明建设具有重大意义。我们需要不断地从灾害、事故中吸取教训，通过开展安全文化培育，普及防灾减灾救灾、安全生产、应急救援等应急管理知识，增强社会公众的防灾素养与安全素质，推进安全文化传播能力建设，提高国家减灾安全文化软实力。

安全文化的培育可以源于本土的自觉，也可以来自海外经验的移植。做好安全文化培育工作，最终目的是提升安全科学素养或素质，培育安全文化。安全知识、技能、态度和应对构成了安全文化的要素。新时代，需要积极培育安全文化，营造支撑应急管理事业改革发展的有利氛围。

新时代，培育安全文化需要明确主导单位、内容与方法、开展模式等问题，构建"双核互动、三位一体"的安全文化培育体系：安全文化应该是由学校安全教育、社会安全宣传五进、家庭安全知识普及三个维度构成的"三维一体"、文化传播与科普宣传教育"双核互动"的安全文化培育体系。学校安全教育已有良好的基础，后期需要开展实践性改良；宣传五进需要探索不同形式，以群众喜闻乐见的形式开展活动，提高群众获得感；安全知识普及要关注科学知识传播的科学性等问题。通过安全宣传五进，通过学校安全教育，通过科学知识普及，共同培育安全文化。

# 第 4 篇

# 应急科普与社会韧性

# 儿童减灾教育之我见

"教育是减轻灾害的中心，知识是减轻灾害成败的关键"，在各种减灾措施中，教育和培训是不可或缺的关键措施之一。从1991年以来的"国际减灾日"主题来看，减灾教育得到了相当程度的重视，减灾教育可以让人们获得更充分的防灾减灾所必需的知识、技能和态度。儿童从灾害易损性角度看属于弱势群体，需要社会予以关注，保障其接受减灾教育、参与防灾减灾工作的权利。文章尝试从理论层梳理分析，从操作层提出对儿童减灾教育的建议，并进行了研究反思。

## 一、理论：儿童发展与减灾理念

国际《儿童权利公约》界定的儿童是指18岁以下的任何人，《儿童权利公约》由联合国1989年11月20日大会通过，是有史以来、被广泛认可的国际公约。中国政府于1992年批准了《儿童权利公约》，并于1992年4月1日正式生效。中国新修订的《未成年人保护法》明确规定了未成年人享有生存权、发展权、受保护权、参与权等权利，国家保障未成年人的合法权益不受侵犯。

---

本文作者张英，2018年发表于《中国减灾》。

灾害教育始于学校，学校是开展灾害教育的最佳场所。2005年以来，国际减灾教育取得了飞跃性的发展。在2006年，世界减灾大会（WCDR）报告统计有超过一半的国家正在开展减灾教育，其中，墨西哥、罗马尼亚和新西兰的学校减灾教育是由法律强制实施。

### 1. 减灾教育与儿童权利

儿童权利在防灾减灾领域中的体现，简要地说，一是修建更结实的校舍或通过开展"校安工程"加固来确保建筑物质量，以及提高儿童防灾素养来保护儿童的安全；二是让儿童能有机会参与防灾减灾工作，如参加科普宣传、减灾教育志愿者活动，辐射公众与社会。

保护儿童面对灾害时的生存权、发展权、受保护权。通过学习一定的灾害知识、防灾减灾技能、树立正确的防灾减灾态度后，当灾害来临时，临危不惧，儿童能选择适当的方式方法，保护自己的生命。从某种程度来说，减灾教育是可以救命的。

相关研究表明：儿童受灾事件的影响越来越严重。据估计，到2030年，预计每年会有1.75亿名儿童受到自然灾害的影响。研究者提出：减灾教育应该关注弱势群体，关注脆弱性。一方面，儿童、老人及残疾人是灾害易损群体，应该被重视并予以关注；另外一方面，经济落后地区，住房及基础设施抵御自然灾害的能力较弱，也需要较多关注。

保护儿童减灾教育的参与权。灾害意识是一个国家和地区文明进步的重要标识，学校教育是重要的减灾教育实施场所，儿童是民族的希望，是国家的未来，儿童安全事关社会稳定；儿童的年龄与心理特点决定了儿童喜欢新事物、爱好学习，具有生机与活力，应利用契机、积极推动儿童减灾教育，提高其防灾素养，辐射家庭与社会，从而达到"教育一个孩子，影响一个家庭，辐射整个社会"的目标。现实中，家长对儿童的安全也十分关注，家长可以通过与孩子赴科研机构、教育类场馆参观体验学习等活动，或亲子阅读等活动过程中提升防灾素养。

此外，减灾教育可以壮大社会公益救灾力量，提高灾害救援效率。邻国日本推广"自助为主，互助为辅，公助为补"就值得我们借鉴，受教育者获得一定的技能后，除了自救、情况允许的情况下，还可以互助，在最短的时间挽救更多的生命。据相关报道，唐山大地震存活者主要依靠自救互救而存活。

同时，减灾教育的开展也是为了增强社会力量的造血功能，2018年后，公益组织如雨后春笋般涌现，这也使全民关注防灾减灾工作，减灾教育培育大量的灾害救助社会工作者，使这项工作后继有人。

**2.《减轻灾害风险儿童宪章》**

救助儿童会、联合国儿童基金会等机构共同发起了"儿童与气候变化"同盟，基于项目前期调查研究起草了一份儿童宪章，该《宪章》是为提升人们关于开展以儿童为中心的减灾工作必要性的认识，同时倡导政府、资助方和机构加强对儿童的保护，进一步利用已有资源和知识来提升减灾工作和应对气候变化。

《宪章》根据咨询中儿童提出减灾工作的重点，按照不同领域归纳为三个方面。①学校必须安全，学生的教育不能中断；社区基础设施必须安全，救援和重建工作必须有助于降低未来的风险。②儿童保护必须作为灾难前、灾难中和灾难后的重点工作。③儿童有参与和获取信息的权利；减轻灾害风险工作必须覆盖最脆弱的群体。

**3.《和歌山儿童防灾宣言》**

日本自然灾害频发，民众的防灾意识较高，社会较为关注儿童防灾意识的培养。2012年8月1日，在日本和歌山县召开了"儿童防灾会议"，号召参会者为防灾减灾出谋划策。来自当地的中学生以及"3·11地震"等受灾区的中学生们一起参加了会议。孩子们积极地发表自己的意见，经过深入的小组讨论后，发布防灾宣言，是为《和歌山儿童防灾宣言》。要点如下：

（1）灾害的发生是不可阻止的，但它们的影响可以通过合作和事前准备来减少。

（2）免受灾害影响是一项基本人权。

（3）我们都要对减灾工作负责。

（4）防灾意识和有效的灾前准备是十分必要的。

（5）从我们过去的灾害经历、传统知识和相关研究中获取信息，并与全世界分享这些知识是很重要的。

（6）保护我们的环境对于预防和减少全球灾害的影响具有重要意义。

（7）减灾教育对于减少人类伤亡，减轻财产损失和环境的破坏，以及帮助受影响的人都具有重要意义。

（8）减灾教育须是国民教育体系的重要组成部分，学校内外的所有儿童都有均等机会接受减灾教育。

（9）每个人都应该被赋予减灾的权利，尤其是儿童、老人和残疾人。

（10）灾害应急响应理应是可获得的，且有效的。

（11）灾后恢复和重建是必不可少的，人们恢复正常生活，重建他们的社区以更好地准备。

（12）为减少灾害的影响，政府应提供保护性基础设施，如堤防、海啸预警系统和应急避难场所。

（13）一个和平、安全的世界对所有人都很重要。

（14）我们亚洲青年呼吁我们的政府、联合国、非政府组织、社区和全世界的青年接受我们的宣言，并与我们携手合作，为减灾准备和教育建议开展行动。

## 二、操作：如何推进减灾教育？

### 1. 开展理论研究，构建教育体系

减灾教育是由学校、家庭、社会三个维度构成，学校减灾教育应该首先发展，因为学生可以向家庭和社会传播灾害知识、防灾减灾能力，以及防灾素养。进而增强整个社会的灾害意识与防灾素养。在新时期必须构建起全面的、系统的、可持续的减灾教育体系，形成以政府主导、学校主体、社会配合，以学校教育为核心，以公众教育为外延，立足于人的全面、可

持续发展的减灾教育。

儿童减灾教育理论的构建有两种缘起：一种是源于本土的自觉；二是国际比较之后的移植。也就是所谓的自主创新与国外移植，理论构建既要具有国际观瞻，又具有本土情怀。研究应该不断深入，不应该停留在介绍式、呼吁式研究层面。建议开展年度防灾素养检测等评价措施评估减灾教育效果、推进儿童减灾教育。

### 2. 立法形式推进长效机制构建

无论是从防灾专门法律还是从教育法维度都应该将减灾教育纳入法律体系，强制确保国民教育体系的实施效果。如果专门立法的可能性较小的话，可以考虑列入法律中的一个条目，其中需要对课程、学时、实施、评价、经费支持等提出要求，从法律与政策层面保障其实施执行，而不是仅仅停留在口头口号与作秀表演。

防灾减灾科普宣传教育长效机制要从"长效""机制"两个关键词上来理解、把握。目前，从灾害管理部门来看，基层防灾减灾科普业务能力亟待提升；科普宣传教育体系尚需构建，防灾减灾科普宣传教育内容亟待研究，以此来确保长效机制的构建。从学校教育部门来看，教育更为系统和正规，更容易形成长效机制。构建防灾减灾科普宣传教育长效机制需要从实践中不断探索好的形式与做法，但更重要的是从顶层设计上加以考虑，如防灾减灾科普宣传教育内容、平台与形式、人员及资金配套等方面。

### 3. 推进减灾教育供给侧改革

（1）需要整合力量，各单位要形成合力，分工协作，应急管理部门应顶层设计、科学规划，建议设立区域中心或网络协作区域中心（分省划片）的形式开展科普作品的开发设计工作，避免重复建设、低水平重复等问题，以优质科普作品惠及儿童及广大公众。

（2）加强研究工作，减灾教育平台建设与内容开发要充分考虑儿童的心理与年龄特点，不仅要关注科技维度，还要关注社会维度，做好科普教育研究工作。同时，提高专业人员在宣教机构的比例，基于研究开发儿童喜闻乐见的科普产品。

（3）值得一提的是，减灾教育作为社会力量参与较多的领域，需要制定行业标准，实现准入门槛，如实施科普师资培训认证制度，解决教学科学性的问题，保障儿童权益。同时，还需要加强经费使用监管。

（4）最后，需要创新减灾科普宣传教育方法，实现从科学到科普。增加参与体验等环节，提高受众参与程度，如开展隐患排查、绘制防灾地图等环节，以确保活动具有较好的效果。如儿童可自主绘制社区防灾地图，不同地区应选择不同的应急避难场所，且根据距离、交通等因素绘制，确保公民能在最短时间到达避难场所。

### 4. 积极融入全球减灾

我国是自然灾害危害最为严重的国家之一，公民的灾害意识淡薄，防灾素养不高，不能正确地看待和认识灾害，也不知道如何更好地进行防灾、减灾、备灾和救灾，这不利于国家整体安全观的构建。汶川8级地震后，国家更加重视减灾教育，中央提出要将防灾减灾知识纳入国民教育体系，但实施情形却不尽如人意。新时代，"两个坚持、三个转变"的重要论述指引我们防灾减灾工作需要不断实现关口前移。

随着全球变暖，灾害风险等议题广受关注，全社会共同探求"综合减灾"之路。新时代，需要通过科学研究、灾害管理，不断提高危机风险应对能力，加强应急管理交流合作，如参与国际灾害救援等方式，这些都可以彰显大国力量，树立负责任大国形象。在减灾教育领域，建议开展国际交往合作，可以在地震遗址地或防灾减灾教育馆的展示、保护、教育的功能的基础上增加研究、国际交往功能；也可以通过举办参与式活动、竞赛、学术研讨等形式开展国际交流合作，输出中华优秀防灾文化，构建人类命运共同体。

## 三、反思：减灾教育的深化

我国自然灾害频发，灾害所带来的损失日趋严重，公民灾害意识、防灾素养有待提高，毋庸讳言，减灾教育是一个防灾减灾的重要手段，但我们不能过度强调和突显教育的功能，过度神化与夸大了减灾教育在整体防灾减灾系统中的角色与地位。笔者认为，就地震应急避险来说："逃生有方法、知识无定论，没有放之四海而皆准的应急避险方法，公众伏而待定：因时、因地、因人制宜而实现应急避险"，防震减灾主要还是靠房子要盖结实，不能仅仅期望依靠减灾教育来减轻地震灾害的影响。事实上，减灾教育只是众多防灾减灾所作努力中的一环，防灾减灾目标的实现要依赖于科技、法律政策制度、建筑质量、教育等多方面的配合。

我们应该明白，减灾教育有所"能"，也有所"不能"。但是"房子结实"与否，减灾教育所营造的安全文化都十分重要，我们需要不断地从灾害中吸取教训！助力儿童防灾素养、社会韧性不断提升。

希望通过我们的努力，赋予儿童接受与参与减灾教育的权利，减轻灾害风险，保障儿童平安与健康，实现社会永续发展。

应急科普与安全文化

# 让学校成为最安全、家长最放心的地方
## ——中小学校舍的抗震加固与韧性建设略谈

学生的生命维系着国家的未来,学校安全与否事关重大,随着经济社会不断发展,社会普遍意识到,应该让学校成为最安全、家长最放心的地方。作为人员相对密集的场所,校舍的抗震问题一直为大家所关注与关心,特别是在汶川地震以后,人们对这一问题更加关注。

为了保证师生的安全,提高教学楼等校舍的抗震性能势在必行。在我国,由于中小学教学楼的建造年代不一、数量众多、建造类型各异,提高校舍的抗震性能不可能一蹴而就。本文将通过灾区的校舍建设以及灾后恢复重建的案例,介绍我国大力推进校舍设防水平提升背后的故事。

## 一、从灾害中吸取教训:我国学校设防水平稳步提高

我国是世界上地震灾害最严重的国家之一,地处两大地震带的交接地带,历史上发生过多次特大地震;超过70%百万人口以上大中城市都位于Ⅶ度或Ⅷ度以上的地震高烈度区。

---

本文作者张英,2019年发表于《中国减灾》。四川省地震局周玮、北京筑福建筑科学研究院有限责任公司吴晓威、壹基金魏明涛对本文亦有贡献。

由于经济社会发展原因,在1989年以前的校舍建筑中,有相当数量的房屋采用的是砖混结构形式,校舍抗震设计安全系数偏低,对抗震相当不利。提高建设工程的抗震设防水平,是提高城乡防震减灾能力的重要措施。在2008年的汶川特大地震中,灾区不同年代设计、施工的各类建筑经受了地震的考验。相关调查结果表明,凡是1990年以后,严格按《建筑抗震设计规范》(GBJ 11—89)(中华人民共和国国家标准,下文简称《89规范》)和《建筑抗震设计规范》(GB 50011—2001)(中华人民共和国国家标准,下文简称《2001规范》)设计、施工的建筑,在遭到比当地设防烈度高1度的地震作用下,没有倒塌破坏,达到了规范规定的设防目标,保护了人民生命和财产安全。而此前的建筑,多数遭到破坏,甚至倒塌。从《89规范》到《2001规范》,对于建筑抗震设防的基本思想和原则基本保持一致,均以"三个水准"为抗震设防目标,归纳起来就是:"小震不坏、中震可修、大震不倒"。

全国中小学校舍面积达15.56亿平方米,其中义务教育阶段校舍为9.8亿平方米,占全国中小学校舍总面积的比例为63%,高中阶段5.76亿平方米,占全国的比例为37%。校舍面积的增加,表明国家对教育事业重视程度的提高,但与此同时也添加了更多更大的责任,校舍的质量与安全需要我们以更加完善的制度去维护。

根据《建筑工程抗震设防分类标准》的规定,"现有中小学校舍属于重点设防类建筑"。2004年10月23日,在《2001规范》和《建筑抗震设防分类标准》修订版中,学校的抗震设防标准从过去的与居民住宅相同的丙类提高到乙类,表明了国家对中小学校舍安全问题的重视。2006年教育部发布了《关于进一步加强中小学校舍建设与管理工作的通知》,针对中小学校舍安全方面的内容更加全面,对校舍安全工作提供了政策保障。2008年汶川特大地震发生后,教育部与住房城乡建设部联合发布了《关于做好学校校舍抗震安全排查及有关事项的通知》,全面启动实施全国中小学校舍安全工程,在全国中小学开展校舍抗震加固,提高综合防灾能力建设,公办、民办学校都纳入其中。

新修订的《中华人民共和国防震减灾法》规定,对学校、医院等人员密集场所的建设工程，应当按照高于当地房屋建筑的抗震设防要求进行设计和施工，采取有效措施，增强抗震设防能力。《建筑抗震设计规范》（GB 50011—2010）中规定，中小学校舍的防灾抗震能力要比普通民用建筑的防灾抗震能力高一等级。

## 二、全国中小学校舍安全工程开展情况

既有中小学校舍包括教学楼、学生宿舍、食堂、礼堂等，从结构类型上看，多以砌体结构和钢筋混凝土框架为主。我国早期建成的校舍多为砖混结构或砖木结构，随着我国经济的发展，钢筋混凝土结构的校舍越来越多。据了解，目前全国有近40万所中小学、200多万栋校舍，这些校舍是否牢固，直接关系着近2亿中小学生、1300多万教职工的生命安全。实践证明，提高现有中小学房屋建筑的抗震能力是减轻灾害损失最有效的措施之一。

为把校园建成师生最安全、家长最放心的地方，2009年4月，国家正式启动全国中小学校舍安全工程，用3年时间，对地震重点监视防御区、七度以上地震高烈度区、洪涝灾害易发地区、山体滑坡和泥石流等地质灾害易发地区的各级各类城乡中小学存在安全隐患的校舍进行抗震加固、迁移避险，提高综合防灾能力。这是党中央、国务院推动教育事业科学发展的一项重大决策，具有重要的现实意义和深远的历史意义。

在全国中小学开展中小学校舍抗震鉴定与加固工作，存在年代跨度大、涉及范围广、地区差异大、结构形式复杂、技术要求严、工作量大、任务重的困难。工程启动以来，各地教育、住房城乡建设、国土资源、水利、消防、地震、气象等部门直接参与工程实施的全过程，组织具备相应资质的专业机构，对全国中小学进行逐校排查、逐栋鉴定、逐一形成报告。

经抗震鉴定与加固后的既有中小学校舍，抗震设防的目标是：当遭受与后续使用年限相应的多遇地震影响时，一般不受损坏或不需修理即可继续使用；当遭受与后续使用年限相应的相当于本地区抗震设防烈度的地震影响时，经一般修理或不需修理仍可继续使用；当遭受与后续使用年限相

应的按照本地区抗震设防烈度预估的罕遇地震影响时，不致倒塌或发生危及生命的严重破坏。

以四川为例，2009年6月，四川省校安办牵头，四川省建设厅组织专家对全省400余名校舍排查鉴定管理人员和技术人员进行了两次专题培训，全省420家鉴定机构按照抗震设防和有关防灾要求，历时两个月对全省各级各类中小学校现有校舍进行了逐校逐栋排查鉴定。按照国家校舍安全工程的政策、规定和要求，四川省结合学校灾后重建和校舍安全实际情况，及时科学制定了《四川省中小学校舍安全工程总体规划及年度计划》，并有效实施。2017年，四川省各级共计安排资金24.2亿元，开展200万平方米上农村地区公办义务教育学校日常维修改造、抗震加固、校舍及其附属设施改扩建，2018年安排校舍安全长效机制资金14.5亿元。

令人振奋的是，2019年，为贯彻落实习近平总书记关于提高自然灾害防治能力的重要讲话精神，国家发展改革委、应急管理部、财政部、教育部、工业和信息化部、自然资源部、生态环境部、住房城乡建设部、交通运输部、水利部、农业农村部、国家卫生健康委、国家能源局、中国地震局、中央军委后勤保障部15个部门全面推进地震易发区房屋设施加固工程实施，认真总结推广前期成功工作经验，聚焦薄弱环节，加强统筹协调，加大工作力度，压实工作责任，形成工作合力，突出重点，精准发力。

## 三、他山之石

日本《建筑基准法》和《耐震修改促进法》都将学校列为抗震设计的第一等级。日本内阁及文部科学省多年来致力于推动学校设施的抗震化，推行《既有学校设施耐震化推进计划》。1923年该国发生7.9级关东大地震，损失惨重。此后，日本致力于结构抗震的研究，1950年颁布《建筑基准法》取代原有的《市街地建筑物法》；1981年又对《建筑基准法》进行了前所未有的重大修改，采用了新的抗震设计方法；1995年，阪神大地震的深刻教训，引发了日本全社会的反思，促使1995年以后《建筑基准法》的多次修订，以及《耐震修改促进法》的颁布。

智利在建筑方面有严格的标准，房屋从设计开始就严格按照相关规定，使其具备可以抵抗高强度地震的能力。高标准的抗震设计可以降低强地震造成的伤亡人数。历史上，智利曾经在 1960 年发生过 9.5 级地震。2010 年再次发生了 8.8 级地震并引发海啸，导致 500 多人死亡。

1933 年，美国加州洛杉矶长滩地震后，损失较大，引发社会关注，促使《费尔德法案（Field Act）》颁布。该法案对学校和医院的建筑安全特别重视：要求所有公立学校建筑按照抗震设计进行改造（包括抗震设计标准、设计审核、建设检查、特殊测试等）。

由以上国家的经验可见，健全学校校舍安全监管机制、出台细化行业标准、颁布法律法规以及探索保险分担机制十分重要。

## 四、校舍重建和加固案例

### 1. 学校重建案例：芦山县芦阳镇第二小学

芦山县芦阳镇第二小学新校区建筑全部按八度抗震设防。教学楼均为一楼一底，且由走廊连接。底楼教学楼前的草坪空间宽大，易于学生应急避灾，二楼阅览室前的空坝有向地面滑行的逃生滑道。应急楼梯设计很宽，逃生时宽松、有序。原来老二小，在汶川地震和芦山地震中作为安置区，接纳了很多当地受灾群众，具有比较丰富应急救灾的经验。因此，学校坚持与社区共存的理念，在规划设计当初就把学校作为社区和城区的应急避难场所进行设计规划。在室外的操场，设计了高杆灯，确保应急照明。学校的设计能力能容纳临时避难居民 1000 名。

### 2. 学校重建案例：什邡市湔底镇龙居小学

在汶川特大地震发生后，什邡市湔底镇龙居小学教学楼全部坍塌，并导致 61 人遇难、105 人受伤。中国扶贫基金会携手北京筑福建筑科学研究院免费为龙居小学的重建提供整体设计，采用了建筑隔震新技术，充分结合国内外当代小学设计的最新研究成果，使之成为灾后重建中抗震性能最好的学校之一。新建成的龙居小学占地 30 余亩，集教学楼、综合楼、体育馆、师生餐厅于一体，附学生宿舍，休憩绿化、运动场地皆全，可容纳 1000 余名学生。为加强抗震效果，学校所有建筑按八度进行设防，教学楼、艺术楼等建筑物均增加隔震垫。

### 3. 减隔震技术在校安工程中的应用

减震隔震技术主要通过底部增加隔震支座来大幅提高建筑物的抗震性能及建筑物安全，即在建筑物和基础之间，设置一种特殊装置把建筑物和地面分开，隔离地震能量向建筑物传递，减轻地震灾害。传统房屋采用减隔震技术进行改造后，可降低水平地震作用 2—6 倍。

（1）混凝土结构隔震加固。

北京市大兴区旧宫中学实验楼建造于 1999 年，为四层框架结构，建筑面积约为 3040 平方米，采用钢筋混凝土独立基础，抗震设防烈度为八度，建筑场地类别为Ⅱ类。根据工程抗震鉴定报告，该楼鉴定结论为不满足要求，需要进行抗震加固。因实验楼内现有大量的设备，希望在抗震加固中不破坏上部结构，不减少使用面积，不破坏原有装修，因此北京筑福建筑科学研究院对该楼采用基础隔震加固技术，并实施加固施工。

（2）砌体结构隔震加固。

北京市延庆县延庆一中科技楼于 1995 年设计建造，为地上五层（局部六层）砖混结构，采用钢筋混凝土条形基础，抗震设防烈度为八度，建筑场地类别为Ⅱ类。根据工程抗震鉴定报告，该楼鉴定结论不满足要求，需要进行抗震加固。为提高结构抗震性能，减少对上部结构的破坏和既有装修的破坏，北京筑福建筑科学研究院对该楼采用基础隔震加固技术，并实施加固施工。

## 五、韧性城市与校园

今年 10 月 13 日是第 30 个国际减灾日，主题是"加强韧性能力建设，提高灾害防治水平"。日前，国家减灾委办公室发出通知，强调加强基层综合减灾能力建设，加大防灾减灾科普宣传教育力度，提升学校、医院、居民住房、基础设施等设防水平，切实增强全社会抵御灾害的韧性能力。

韧性（resilience）理解不一，不同的背景下有着不同的用法。韧性城市作为一个系统，当外部环境发生变化时，需具备抵御外部冲击、适应变化及自我修复三种能力。韧性概念的使用并不仅仅局限于传统观念中的城市防灾，还涉及经济、社会、气候等整个外部发展环境的变化。

芦山地震发生后，壹基金制定了《壹基金芦山地震灾后援建项目计划》，"以减灾为中心，创建韧性家园"成为壹基金芦山地震援建的基本目标。校园不应是钢筋水泥简单堆砌出的呆板火柴盒，而应该成为促进儿童全面发展的场所、社区的活动中心，并且在灾难发生时，还应作为最坚固的民用设施，为受灾群众提供庇护所、成为避难场所。不论是精神上还是物质上，学校都应是一个稳固的社区结构中最内核的部分，校园及城市的自我修复能力至关重要，应置于可持续发展的框架中。

做好灾前、灾中、灾后的各项防灾减灾工作，不断提高社会韧性，以实现城市可持续发展。笔者抛砖引玉提出校园韧性度评估指标（表1），不仅仅关注建筑质量安全，防灾减灾系统中各个要素、环节都需要纳入其中，可以供韧性校园试点调查参考。

**表 1　校园韧性度评估指标**

| | | | |
|---|---|---|---|
| 校园韧性度 | 师生防灾素养水平 | 防灾知识 | 灾害认知 |
| | | | 防备知识 |
| | | | 应变知识 |
| | | 防灾技能 | 准备行动 |
| | | | 应变行为 |
| | | 防灾态度 | 防灾警觉性 |
| | | | 防灾价值观 |
| | | | 防灾责任感 |
| | 环境系统 | 社会环境 | 人口数量 |
| | | | 是否开展过防灾减灾培训活动 |
| | | | 受训比例 |
| | | | 当地医院应急处理能力 |

续表

| | | | |
|---|---|---|---|
| 校园韧性度 | 环境系统 | 经济环境 | 当地居民人均收入 |
| | | | 当地国民生产总值 |
| | | | 城市化水平 |
| | | | 工业化水平 |
| | | | 三大产业比例 |
| | | 自然环境 | 地震地质构造背景 |
| | | | 地震风险 |
| | | | 抗震设防等级 |
| | 应急设施及信息沟通 | 应急避难疏散 | 人均应急避难场所面积 |
| | | | 应急避难场所通达性 |
| | | | 信任程度 |
| | | 防灾设施与装备 | 每千人病床数 |
| | | | 专业救援人员数量 |
| | | | 每千人消防车数 |
| | | | 应急救护受训人数 |
| | | | 每千人拥有收音机数 |
| | | 信息沟通 | 地震信息发布 |
| | | | 媒体灾害报道 |
| | | | 应急处置机制 |

# 健康科普与应急科普融合发展的几点思考

随着社会的不断发展，人们对于健康和应急知识的需求越来越大。健康科普和应急科普作为两个重要的科普领域，对于增强公众的健康意识和应急能力具有至关重要的作用。然而，当前这两个领域的发展还存在着一些问题，如内容重复、资源浪费、受众覆盖不全等。因此，探讨如何将健康科普与应急科普融合发展，对于提高科普工作的效率和质量具有重要意义。

## 一、应急科普的重要意义

随着社会的不断发展，全球化的不断推进，人们面临着越来越多的突发事件和灾害。这些事件不仅给人们的生命财产安全带来威胁，还会对人们的心理和社会稳定造成影响。因此，应急科普工作的重要性日益凸显。

应急科普是应急管理的一项重要内容，是有效提升公众应急科学素质与应急避险能力的重要途径，是有效防范化解重大风险的重要抓手，对推进应急管理治理体系和能力现代化具有重要意义。党和国家历来高度重视应急管理及应急科普工作，经过多年实践工作的积累，我国应急科普能力有

---

本文作者管华，张英，2023 年发表于《防灾博览》。

显著提升，在应对"非典"疫情、汶川地震、新冠肺炎疫情等突发事件中发挥了积极作用。

应急科普是指针对突发事件、灾难和公共卫生事件等进行的科普教育。其目的是帮助公众了解事件的原因、特点和应对方法，增强公众的应急意识和能力，减轻事件对人们生命财产和心理健康的威胁。应急科普的重要意义在于：首先，增强公众的应急意识和能力。通过应急科普，公众可以了解各种突发事件的特点、应对方法和自救互救技能，增强应急意识和能力，减少不必要的恐慌和混乱。其次，促进社会稳定和谐。在突发事件发生时，公众的恐慌和不安情绪容易引发社会不稳定因素。通过应急科普，公众可以获得客观、准确的信息，减少谣言和误解的产生，促进社会稳定和谐。最后，推动国家安全和公共安全体系建设。应急科普是国家安全和公共安全体系建设的重要组成部分。通过应急科普，可以增强公众的安全意识和能力，为国家安全和公共安全体系提供有力支撑。

## 二、生命健康与应急科普应该不断融合

生命健康与应急科普的重要性不言而喻。通过普及这些知识，可以增强公众的自我保护意识和能力，减少灾害和突发事件对人们生命和财产的损失。同时，也可以增强公众对政府和专业机构的信任和支持，推动应急科普工作的深入开展。

### 1. 生命健康的内容

（1）强调健康的生活方式。在当今快节奏的社会中，许多人往往忽视了健康的生活方式。因此，科普教育应着重强调健康饮食、合理运动、规律作息等生活方式对人体健康的重要性。科学饮食、良好的作息习惯和适当的运动是保持身体健康的重要因素，这些知识应该得到普及，让公众了解如何通过自我管理来提高生活质量。

（2）实用的急救技能和健康知识。在突发事件发生时，掌握一定的急救技能和健康知识可以帮助公众及时自救或互救。这些技能和知识不仅包

括心肺复苏、止血包扎、骨折固定等急救技能，还包括常见疾病的预防和早期发现方法。通过学习和掌握这些实用技能，公众可以更好地应对生活中的各种紧急情况。

（3）关注心理健康。面对突发事件和灾害时，公众容易产生恐慌、焦虑等心理压力。因此，科普教育应强调心理健康的重要性，并教授公众一些有效的压力应对方法。这些方法包括如何保持情绪稳定、如何调节自己的心态等。此外，针对儿童和青少年等特殊群体，还应强调如何应对灾难带来的长期心理创伤。通过学习和掌握这些心理调适方法，公众可以更好地应对生活中的各种挑战和困难。

（4）自然灾害的应对与防范。针对自然灾害频发的地区，科普教育应着重强调自然灾害的应对与防范方法。这些方法包括地震、洪水、台风等自然灾害发生时如何自保和他保、如何防范次生灾害等。此外，还应教授公众如何制定家庭应急预案并进行演练等实用的安全技能。通过学习和掌握这些方法，公众可以更好地应对自然灾害带来的威胁和挑战。

（5）社会安全与公共卫生。社会安全与公共卫生也是生命健康与安全科普的重要内容之一。公众应了解社会安全体系的基本框架和运行机制以及公共卫生的基本概念和方法等知识。通过学习和掌握这些知识，公众可以更好地维护自身和家人的生命财产安全，有意识地关注并参与到社会安全和公共卫生的维护工作中来，同时也有助于推动国家安全和公共安全体系的建设和发展。

**2. 健康科普与应急科普的融合模式**

通过对文献和案例的深入分析，我们发现健康科普与应急科普的融合发展呈现出以下几种模式：

（1）以健康科普为主导，将应急科普元素巧妙地融入其中。这种模式下，健康科普占据主导地位，应急科普作为辅助元素出现。在开展健康科普活动时，可以结合应急科普知识，让公众在获取健康知识的同时，了解如何在紧急情况下保护自己。

（2）以应急科普为主导，将健康科普元素融入其中。这种模式以应急科普为核心，健康科普作为辅助元素出现。在应急科普活动中，可以结合健康科普知识，让公众在应对突发事件的过程中，了解如何保持身体健康，采取正确的防护措施。

（3）在特定领域或特定事件中，将健康科普与应急科普进行有机融合。这种模式是在特定领域或特定事件中，将健康科普和应急科普紧密结合在一起。例如，在疫情期间，可以同时开展关于传染病防控的健康科普和应急科普活动，让公众更好地理解和应对疫情。

以上模式各有优劣，需要根据实际情况进行选择。无论哪种模式，都需要加强顶层设计、优化资源配置、强化协同合作等方面。只有这样才能实现健康科普与应急科普的深度融合和发展为公众提供更加全面、高效、优质的科普服务。

## 三、社区卫生服务助力公民科学素质提升

社区卫生服务在应急科普中具有重要作用。作为基层医疗卫生服务机构，社区卫生服务中心可以为居民提供全方位的卫生保健服务，包括预防接种、健康教育、医疗咨询等。在应急科普中，社区卫生服务中心可以发挥以下作用：

（1）提供专业的健康咨询和医疗建议。社区卫生服务中心的医护人员可以向居民提供专业的健康咨询和医疗建议。在面对突发事件和灾害时，这些建议和咨询可以帮助居民及时了解自己的健康状况并采取正确的应对措施。例如，针对疫情期间的传染病防控知识进行宣传和教育帮助居民科学认识疫情并采取正确的防护措施降低感染风险。

（2）组织应急演练和培训。社区卫生服务中心可以组织应急演练和培训活动，增强居民的应急意识和能力。这些演练和培训可以帮助居民熟悉突发事件发生时的应对方法和自救互救技能，例如组织地震逃生演练或消防演习等，可以有效帮助居民掌握实用的逃生技巧和方法。同时，还可以向居民传授急救技能和心肺复苏等技能，帮助居民掌握基本的急救技能，以备不时之需。此外，还可以开展公共卫生方面的培训和教育，帮助居民

了解传染病预防和控制等方面的知识，增强居民的公共卫生意识和能力水平。

（3）传播科学权威的信息。社区卫生服务中心作为基层医疗卫生服务机构更容易获得居民的信任和认可，其传播的信息也更容易被居民接受和理解，因此社区卫生服务中心可以发挥其权威性和亲民性的优势，通过各种渠道向居民传播科学权威的信息，避免谣言和不实信息的传播。同时，也可以针对不同的受众群体采取不同的传播策略，例如针对老年人群体可以采取面对面的宣传方式，手把手教老人如何做好个人防护措施；针对年轻受众群体可以采取线上宣传方式，通过社交媒体平台发布图文并茂的信息引导公众。

（4）探索新模式。目前，消防和急救服务通常由两个不同的机构负责。消防局负责火灾和其他紧急情况的应对，而急救中心则负责医疗紧急情况的应对。在许多城市，消防局和急救中心是在同一地点或相邻的建筑物内运营的，以便更好地协调救援行动。在紧急情况下，消防局和急救中心会通过无线通信和电话等方式进行联系和协作。未来基于国家需要、时代特点与公众需求，此类机构应该加强合作，无论是在应急救援方面还是在科普宣传方面，毕竟公众需要立体、全方位的科普知识。

# 如何提升基层应急管理能力

随着我国城市化进程与社会经济的迅猛推进，我国正面临着日益增多的突发事件所带来的严峻挑战。这些挑战不仅严重威胁着国家经济社会的安全稳定发展，更对广大民众的生命财产安全构成了极大的潜在风险。因此，提升基层应急管理能力显得尤为重要。近年来，防灾减灾日和"安全生产月"均将主题聚焦于"人人讲安全，个个会应急"，这不仅是对应急管理最后一公里问题的目标期望，更是对全民参与、共同应对突发事件的重要呼吁。

鉴于上述形势，我们必须深刻认识到加强基层应急管理体系建设的紧迫性和重要性。通过全面提升我国应对突发事件，特别是自然灾害的能力，以有效应对各类风险挑战，确保社会的和谐稳定与民众的安居乐业。本文旨在深入剖析我国基层应急管理能力影响因素，以期为推动我国应急管理事业的持续健康发展。

## 一、基层应急管理的现状及问题

基层应急管理体系作为我国应急管理体系的核心组成部分，承担着预防、应对和处置各类突发事件的关键任务。提升基层应急管理能力，不仅

---

本文作者张英，2024 年发表于《防灾博览》。

对于减少突发事件对人民群众生命财产安全的潜在风险具有重大意义，而且是维护社会和谐稳定、促进经济社会持续健康发展的基石。近年来，我国基层应急管理体系与能力建设取得了显著进展，但同时仍面临一些亟待解决的问题。其中，以下四个方面的问题尤为突出，亟须引起高度重视。

首先，基层应急管理体系仍需完善。部分地区基层应急管理组织机构设置尚存不足，甚至出现空白现象，导致应急物资储备和救援力量配备严重不足，难以有效应对大规模突发事件。因此，必须进一步强化基层应急管理体系建设，确保组织机构健全，并加大对应急物资和救援力量的投入力度。

其次，应急预案的针对性和可操作性有待加强。当前，部分应急预案在实际应用中暴露出针对性不强、实用性不足和可操作性差的问题，难以有效指导应急工作。因此，在制定和修订应急预案时，应充分考虑各类突发事件的特性和实际需求，确保预案具备实际指导意义。

第三，应急科普宣传教育力度亟待加大。目前，基层群众应急知识普及程度较低，自救互救能力普遍不足，也缺乏相应的专业人员。为此，应加大应急科普宣传教育的力度，通过多种形式和渠道普及应急知识，提升灾害信息员的专业素养以及基层群众的安全意识和自救互救能力。

最后，信息化建设滞后是制约基层应急管理发展的重要因素。当前，基层应急信息化建设投入不足，导致信息传输不畅，影响了应急指挥和调度的效率。因此，应加大对基层应急信息化建设的投入力度，提高信息传输效率，加强群防群治工作，确保在突发事件发生时能够迅速、准确地传递信息，为应急指挥和调度提供有力支持。

综上，尽管我国在基层应急管理方面取得了一定进展，但仍需直面存在的问题和不足。各地应因地制宜，加强基层应急管理体系、应急预案、应急科普宣传教育和信息化建设等方面的建设与完善，不断提升基层应急管理能力，切实保障人民群众的生命安全和财产安全。

## 二、基层应急管理能力评价指标

针对我国基层应急管理体系的构建与实践工作，我们有必要从以下几个方面进行细致入微的研究与探索，以期形成科学、合理的基层应急能力评价指标体系。在构建指标体系的过程中，需要注重调查研究以及数据的收集和分析。通过收集基层应急管理体系运行过程中的各类数据，可以对基层应急能力进行量化评估，为决策提供更加科学的依据。同时，还需要运用统计学、数据挖掘等方法，对数据进行深入分析，挖掘出隐藏在数据背后的规律和趋势。

首先，需评估基层应急组织体系的完善程度。务必建立以基层党组织为核心，涵盖群众自治组织、企事业单位、社会团体等多方参与的应急管理机制，以确保在突发事件和自然灾害发生时，各方力量能够迅速集结，形成合力，高效应对。

其次，要关注基层应急预案的制定与演练情况。针对不同类型的突发事件和自然灾害，应制定具体、可操作性强的应急预案，并定期组织演练活动，以提升基层组织和群众的应急响应能力，确保在紧急情况下能够迅速、有序地采取行动。

第三，要重视基层应急队伍的建设。应着力培养一支具备专业素养和实战能力的基层应急队伍，通过定期的技能培训和体能锻炼，不断提升队伍的应急处突水平，确保在关键时刻能够发挥重要作用。

第四，需关注基层应急物资储备水平。应结合各地区自然灾害特点，科学规划应急物资储备设施布局，确保在突发事件和自然灾害发生时，能够迅速调配所需物资，保障受灾群众的基本生活需求，减轻灾害损失。

第五，要加强基层应急科普宣传教育。应通过多种渠道和形式，普及应急知识，提升基层群众的风险意识和自救互救能力，增强公众对突发事件的应对能力和自我保护意识。

第六，要完善基层应急管理机制建设。应建立健全应急管理工作考核评价体系，推动基层应急管理工作实现制度化、规范化、科学化，确保各项应急管理工作有序、高效地进行。

第七，要加强基层应急协调联动情况。应与上级应急管理部门、相邻地区以及相关部门保持密切沟通协调，形成上下贯通、左右协同的应急管理工作格局，共同应对各类突发事件和自然灾害的挑战。

经过对以上七个方面的全面评估，我们可以有效地判断应急管理体系的完善程度。基于这一评估结果，我们将致力于构建一个更加完善、高效且充满活力的基层应急管理能力评估指标体系，从而为保障人民群众的生命财产安全、维护社会稳定以及推动经济社会持续健康发展提供坚实的保障。

## 三、几点思考

在当前我国全面深化改革、全面依法治国、全面从严治党的时代背景下，加强基层应急管理不仅是应急管理体系建设和国家安全体系建设的关键组成部分，更是实现国家治理体系和治理能力现代化的重要举措。要不断加强党的领导、部门协同、鼓励社会参与，共同致力于构建更加完善的基层应急管理体系，筑牢应急管理的人民防线，以确保人民群众的生命财产安全得到有效保障。

首先，我们必须坚决加强党对基层应急管理工作的领导地位。党的领导在应对突发事件中具有核心地位，是确保应急管理工作高效运转的关键所在。因此，各级党委和政府务必明确政治责任，将党的领导贯穿应急管理工作的始终，确保各项工作有序开展。

其次，我们必须构建一套统一、高效的应急管理工作体系。在这一体系中，应急管理部门应充分发挥综合协调作用，有效整合相关部门和各方专业力量，形成协同作战的合力。同时，建立健全应急指挥体系，实现信息共享和资源互补，确保上下级之间、部门之间的紧密配合，共同应对突发事件和自然灾害。

再次，我们必须明确"防"和"救"的职责，建立健全责任链条。各级政府和相关部门要切实履行预防、监测、处置等职责，确保每个环节都有明确的责任人。同时，完善考核机制，对履职不力的责任人进行严肃追责，确保责任落实到位。

此外，我们还需完善大安全大应急框架，从源头上防范风险，加强风险评估和预警工作。这要求我们全面考虑各类安全风险，加强风险识别、监测和预警机制建设，确保各类风险得到有效管控。同时，创新应急管理工作方式，充分利用现代科技手段提高应对效率和水平。

在具体工作中，我们要推动隐患排查、风险识别、监测预警和及时处置的闭环管理通过建立常态化的隐患排查制度，加强对风险的识别和监测，及时发现并整改安全隐患。同时，建立健全应急处置机制，确保对突发事件和自然灾害进行及时、有效地处置，防止事故扩大和升级。

为了实现上述目标，我们必须健全保障机制，加大基础性投入。各级政府应根据实际情况合理安排应急救援力量的投入，确保应急救援能力的充足和强大。同时，加强基层干部的教育培训，提高他们的应急管理工作能力，为应对突发事件提供有力保障。

最后，提升社会公众的风险防范意识和自救互救能力至关重要。我们要通过应急科普宣传教育活动普及应急知识，提高公众对突发事件的认知和应对能力。当面临突发事件时，公众能够迅速做出反应，采取正确的自救互救措施，降低事故伤害和损失。

# 第5篇

# 历史与未来：机遇与挑战

# 灾害与传染病：历史的教训，防患于未然

在人类浩渺的历史长河中，灾害和传染病曾多次给我们的生活带来深远而重大的影响。这些灾难性事件，不仅对当时的社会、经济、文化产生了巨大的冲击，而且还对人类的生活方式、生存观念产生了深刻的影响。了解这些事件，可以让我们更好地防患于未然，为未来可能出现的挑战做好准备。

灾害，如地震、洪水、火山爆发等，不仅直接威胁到人类的生命安全，而且还会对人类的生存环境、社会秩序带来巨大的破坏。而传染病，如流感、鼠疫、新冠等，更是通过迅速的传播途径，给人类社会带来极大的恐慌和压力。

在防患于未然方面，了解灾害和传染病的历史事件可以帮助我们更好地预测和应对未来的挑战。通过对历史灾害的研究，我们可以了解到灾害发生前的征兆、影响以及应对措施，从而在灾害发生时能够更加迅速、有效地应对。同样，对传染病的历史研究也可以帮助我们更好地了解其传播途径、影响以及防治方法，为未来可能出现的传染病疫情做好准备。

---

本文作者张英，管华，2024年发表于《防灾小卫士》公众号。

## 一、国内案例：汶川地震与新冠肺炎

### 1. 汶川地震

2008年5月12日，四川省龙门山断裂带发生了里氏8.0级的强烈地震，这是中国历史上一次非常严重的自然灾害。地震造成了大量建筑物倒塌，道路损毁，人员伤亡，给当地居民带来了巨大的痛苦和困难。在这场灾难中，全国上下齐心协力，发起了救援工作，救治了数以万计的伤员，并发起了灾后重建工作。这次地震让我们认识到，对于自然灾害的防范和应对，我们需要增强公众的应急意识和能力，加强灾后心理辅导和社区重建工作。

### 2. 新冠肺炎

2019年，新冠肺炎疫情在全球传播。这次疫情给全球带来了巨大的影响和挑战。在党和政府的领导下，全国人民积极应对，采取了严格的防控措施，最终成功控制了疫情。这次疫情让我们认识到，对于传染病防控，我们需要建立完善的预警机制，加强医疗物资储备和社区防控工作。同时，我们也需要增强公众的健康意识和自我防护能力，加强国际合作和信息共享。

## 二、国外案例："9·11"恐怖袭击与西班牙流感

### 1. "9·11"恐怖袭击

2001年9月11日，恐怖分子在美国纽约世界贸易中心制造了震惊全球的恐怖袭击事件，造成了近3000人的死亡。这次事件是人类历史上最惨痛的灾难之一，它提醒我们对于恐怖袭击等人为灾害，我们必须增强公共安全意识，

加强情报共享和国际合作。我们不能坐视不管，任由类似的事件再次发生。

### 2. 西班牙流感：

1918 年至 1920 年期间暴发的西班牙流感，是人类历史上最致命的传染病之一。据估计，全球范围内有超过 5 亿人感染，导致了约 5000 万人的死亡。这场疫情让我们深刻认识到，对于传染病的防控，我们需要建立全球性的预警机制，加强疫苗研发和公众教育。我们必须共同努力，保护人类的生命安全和健康。

为了更好地应对未来的挑战，我们需要加强对灾害和传染病的研究和防范措施。一方面，我们需要加强对自然环境的监测和预警机制的建设，提高对灾害的预警和应对能力；另一方面，我们也需要加强公共卫生体系建设，提高传染病的预防和控制能力。

此外，对于个人而言，我们也需要增强自身的防范意识和应对能力。在面对灾害和传染病时，我们需要保持冷静、积极应对，遵循科学、合理的防范措施，保护自己和他人的健康安全。

总之，了解灾害和传染病的历史事件对于我们防患于未然、应对未来的挑战具有重要意义。只有通过深入了解这些事件的影响和应对措施，我们才能够更好地应对未来的挑战，为人类的健康和发展做出更大的贡献。

## 三、防患于未然的建议

### 1. 增强公众的应急意识和能力

为了增强公众的应急意识和能力，我们可以通过开展各种形式的应急演练、培训和教育活动来实现。这些活动不仅可以增强公众对自然灾害和传染病等紧急情况的应对能力，还能帮助他们更好地理解各种应急预案和安全疏散流程。同时，我们还可以通过加强应急科普工作，提高公众的应急科学素养，让他们在危险来临时能够更加冷静、科学地应对各种紧急情况，保护自己和家人的生命安全。

在应急演练方面，我们可以组织各种形式的模拟演练，如消防演练、地震演练等，让公众了解如何在紧急情况下迅速采取正确的行动。在培训方面，我们可以邀请专业人士为公众讲解应急知识和技能，如急救技巧、灭火器的使用方法等。此外，我们还可以通过教育活动向公众普及自然灾害和传染病等知识，帮助他们更好地了解各种应急预案和安全疏散流程。

在加强应急科普工作方面，我们可以利用各种渠道向公众传递应急科普知识，如电视、广播、报纸、互联网等。我们还可以通过举办科普展览、发放科普宣传册等方式，提高公众的应急科学素养。此外，我们还可以鼓励公众参加各种形式的科普活动，如科学讲座、科普竞赛等，让他们更加深入地了解应急科普知识。

总之，增强公众的应急意识和能力是一项非常重要的任务。通过开展应急演练、培训和教育活动以及加强应急科普工作，我们可以帮助公众更好地应对各种紧急情况，保护自己和家人的生命安全。

### 2. 加强预警机制建设

对于预警机制的建设，我们需要投入更多的精力和资源，以确保其完善和有效。预警机制应该包括对疫情和灾害的监测、风险评估和预警预报等各个方面。通过建立完善的预警机制，我们可以更好地预防和控制疫情、灾害等突发事件，保障人民的生命安全和财产安全。

首先，我们需要加强对疫情和灾害的监测。监测工作是预警机制的基础，只有及时发现并报告疫情和灾害，才能为后续的防控和治疗工作赢得时间。因此，我们需要建立健全的监测网络，提高监测的精准度和时效性。

其次，我们需要进行风险评估。风险评估是预警机制的核心，通过对疫情和灾害的风险评估，我们可以更好地预测和控制疫情、灾害的发展趋势。因此，我们需要建立科学的风险评估体系，对疫情和灾害进行分类和评估，为预警预报提供科学依据。

最后，我们需要建立预警预报系统。预警预报系统是预警机制的关键环节，它可以为我们提供及时、准确的预警信息，帮助我们更好地应对疫情和灾害。因此，我们需要建立完善的预警预报系统，提高预警的准确性和时效性，为防控和治疗工作赢得更多的时间。

加强预警机制建设是保障人民生命安全和财产安全的重要措施。我们需要建立健全的监测网络、科学的风险评估体系和完善的预警预报系统，以提高预警机制的精准度和时效性，更好地应对疫情和灾害等突发事件。

### 3. 加强社区防控工作

社区是疫情防控的第一线，也是防控工作的重要环节。为了进一步加强社区防控工作，我们需要采取以下措施：

首先，加强社区卫生服务体系建设。社区卫生服务体系是基层医疗的重要组成部分，也是防控疫情的重要力量。我们需要加大对社区卫生服务的投入，提高社区卫生服务的水平，加强社区卫生服务的网络建设，实现社区卫生服务全覆盖。同时，我们还需要加强对社区卫生服务人员的培训，提高他们的专业素质和服务能力，为居民提供更加优质的医疗服务。

其次，提高基层医疗机构的防控能力。基层医疗机构是疫情防控的重要阵地，也是居民获得医疗服务的主要渠道。我们需要加强对基层医疗机构的支持，提高基层医疗机构的防控能力，加强对基层医疗机构的物资保障和人员配备，确保基层医疗机构能够有效地开展防控工作。

最后，加强社区宣传教育。社区宣传教育是增强居民健康意识和自我防护能力的重要手段。我们需要加强对社区居民的宣传教育，通过多种形式、多种渠道向居民普及疫情防控知识，引导居民养成良好的个人卫生习惯，减少聚集活动，自觉遵守疫情防控规定。同时，我们还需要加强对居民的心理疏导，帮助他们缓解疫情带来的心理压力和不良情绪。

加强社区防控工作是疫情防控的重要环节。我们需要采取多种措施，加强社区卫生服务体系建设、提高基层医疗机构的防控能力、加强社区宣传教育等措施，共同打赢疫情防控这场硬仗。

## 四、加强国际合作，共同应对全球性的挑战

我们应当增强与其他国家和地区在灾害防控和传染病防控等方面的交流与合作，以实现更广泛的信息共享、技术交流和资源互补。通过加强国际合作，我们可以更好地应对各种自然灾害和公共卫生事件，保护全球人民的生命安全和身体健康。这种合作不仅有助于提高全球灾害防控和传染病防控水平，还可以促进各国之间的友谊与互信，为构建人类命运共同体作出积极贡献。

## 五、强化心理辅导

在面对诸如重大灾害和传染病疫情等重大事件时，我们应该着重加强心理辅导工作。这些事件往往会对人们的心理造成极大的冲击和影响，导致他们出现各种心理问题，如焦虑、恐惧、抑郁等。因此，提供专业的心理辅导可以帮助受灾人群和患者尽快走出阴影，恢复正常生活和工作状态。

具体来说，强化心理辅导包括以下几个方面：①提供心理支持：为受灾人群和患者提供专业的心理支持，包括倾听他们的感受、给予关爱和支持，帮助他们建立信心和积极的态度。②开展心理疏导：针对受灾人群和患者的具体情况，开展个性化的心理疏导，帮助他们理清思路，解决心理问题，缓解情绪压力。③实施团体辅导：组织受灾人群和患者参加团体辅导活动，让他们在相互交流和支持中获得力量和信心，共同渡过难关。④提供专业培训：为相关工作人员提供专业的心理辅导培训，提高他们的专业能力和服务质量，更好地为受灾人群和患者提供心理支持。

总之，强化心理辅导是帮助受灾人群和患者尽快恢复正常生活和工作状态的重要措施之一。我们应该重视并加强这一方面的工作，为受灾人群和患者提供全方位的支持和帮助。

## 六、做好灾后重建和康复工作

在灾害发生后,我们应该立即采取行动,积极开展灾后重建工作。这包括但不限于清理废墟、修复建筑物、重建基础设施以及恢复受灾地区的生活和经济活动。灾后重建工作需要大量的人力和资源,但它是灾区人民恢复正常生活和工作的关键。

此外,对于传染病患者和其他需要康复的人群,我们应该提供必要的医疗服务和康复指导。这包括为传染病患者提供适当的治疗和护理,以及为受伤或身体有缺陷的人群提供康复训练和辅导。这些服务和指导可以帮助人们尽快恢复健康,重返正常的生活和工作。

在实施灾后重建和医疗服务的过程中,我们应该注重环境保护和公共卫生。这包括合理处理废墟和污染物,防止对环境和公众健康造成进一步的危害。同时,我们也需要确保医疗服务的质量和安全性,防止医疗事故和感染的发生。

综上,灾后重建和医疗服务是恢复灾区人民正常生活和工作的重要措施。我们应该积极投入人力和资源,提供必要的支持和指导,以帮助灾区人民尽快恢复正常的生活状态。

## 七、创新科技应用

积极推动科技创新和应用,利用现代科技手段提高灾害防控和传染病防控工作的效率和质量。在灾害防控方面,我们可以利用大数据和人工智能技术进行灾害监测和预警,通过实时数据采集和分析,及时发现潜在的灾害风险,并采取有效的应对措施。在传染病防控方面,我们可以利用人工智能技术进行疫情监测和分析,通过数据挖掘和模式识别,及时发现异常疫情,并采取有效的防控措施。这些现代科技手段的应用,不仅可以提高工作效率,还可以提高工作质量,为保障人民生命财产安全做出更大的贡献。

## 结束语

总的来说，将防范措施前移，在问题尚未产生之前就进行预防，是我们全社会共同努力的目标。通过提前干预和预警，我们可以减少潜在的风险和危机，确保社会稳定和安全。这种防患于未然的观念需要我们每个人都积极参与到其中，共同构建一个更加安全、和谐的社会环境。

在这个过程中，我们需要关注各种可能影响公共安全的问题，包括自然灾害、公共卫生事件、社会治安问题等等。只有及时掌握信息、科学研判形势、精准制定对策，才能够有效地应对各种风险和挑战。同时，我们也需要加强宣传教育，增强公众的安全意识和自我防范能力，共同营造一个安全稳定的社会环境。

因此，关口前移、防患于未然，需要我们全社会的共同努力。这不仅是一种责任和义务，更是对未来的一份承诺和期许。让我们携手共进，共同为构建一个更加美好的社会而努力。

# 人工智能对应急科普的机遇与挑战

人工智能对于应急科普来说，既有机遇也有挑战。就像一个双面刃，它既可以为应急科普带来巨大的便利和效率提升，也可能带来一些难以预料的问题。因此，在利用人工智能对应急科普进行支持时，我们需要权衡利弊，谨慎行事。我们需要不断优化算法和提高数据质量，确保人工智能能够为公众提供准确、及时、有用的应急科普信息。同时，我们也需要加强监管和审查机制，避免人工智能引发不必要的负面效应。只有这样，我们才能真正利用人工智能的优势，推动应急科普事业的发展。

## 一、引言

随着科技的迅速进步，人工智能（AI）的应用已经变得日益普及，它已经超越了单纯的技术范畴，而是已经深入到各个行业和领域中。在这个背景下，应急科普领域也正在经历一场由人工智能带来的重大变革。虽然这个领域的社会意义重大，但往往被人们所忽视。本文将深入探讨人工智能在应急科普领域中所面临的机遇和挑战。

---

本文作者张英，2024年拟发表于《中国应急管理报》。

人工智能的发展，使得其能够理解自然语言并生成相应的回复。这种回复思路清晰，逻辑严密，推理精确。这不仅为应急科普提供了一个全新的交流方式，也使得科普内容能够更快速、更准确地传达给公众。

在应急科普中，人工智能的应用主要体现在以下几个方面：一是通过智能算法对大量的应急科普数据进行处理和分析，从而为决策者与创作者提供有价值的参考；二是通过虚拟现实等技术，模拟应急情况的发生，帮助公众更好地理解和应对突发事件；三是通过聊天机器人等方式，提供实时的应急咨询服务，解决人们在面对突发事件时的困惑和疑虑。

然而，人工智能在应急科普中的应用也面临着一些挑战。首先，数据安全和隐私问题是亟待解决的问题。在处理大量个人数据时，必须确保数据的安全性和隐私性。其次，人工智能的算法可能存在偏见和错误，这需要不断改进和完善。最后，人工智能的应用需要大量的计算资源和存储空间，这可能会对一些资源有限的地区和机构造成困难。

总的来说，人工智能在应急科普中提供了许多新的机遇，但也带来了一些挑战。我们需要在充分利用这些机遇的同时，积极应对这些挑战，以推动应急科普的进一步发展。

## 二、人工智能对应急科普的机遇

在如今这个信息爆炸的时代，如何从海量的信息中筛选出真正有用的、及时的应急科普知识，成为人们关注的焦点。而人工智能恰恰可以在这方面大显身手。它可以通过自然语言处理和数据挖掘技术，快速筛选和分析出有用的应急科普信息，结合专家审核，并且以用户友好的方式呈现给公众。比如，在灾难发生后，人工智能可以迅速分析出最新的灾情信息、救援措施和安全提示，通过各种渠道（如社交媒体、手机应用等）传递给人们。

### 1. 个性化推送

通过 AI 技术，可以根据用户的兴趣、背景和需求，提供个性化的应急科普内容推送，使得科普更加贴合受众的需求。例如，可以把相关知识推送到重点地区与脆弱人群；对于喜欢通过阅读来获取知识的用户，AI 可以向其推荐相关的应急科普文章或书籍；而对于喜欢通过视频来学习的用户，AI 则可以为其推荐相关的应急科普视频。

**2. 助力应急科普作品创作**

AI 在应急科普作品的创作过程中发挥着重要作用。其具备的广泛知识储备、高效信息处理能力和自然语言理解能力使得它在短时间内能够为创作人员提供准确、实用的信息支持，协助他们快速创作出高质量的应急科普作品。

**3. 虚拟现实与模拟训练**

利用 AI 的虚拟现实技术，可以构建逼真的应急场景，供用户进行模拟训练，提高应对突发事件的能力。灾害没有人愿意经历，但是可以通过体验式的方式提升态度、技能，通过模拟演练，用户可以在虚拟环境中体验真实的应急情况，学习如何应对各种紧急事件，提高自身的应急处理能力。

## 三、人工智能对应急科普的挑战

人工智能对应急科普也带来了一些挑战。一方面，由于人工智能的算法是由人类设计的，因此可能会出现一些偏见和误判。比如，在分析灾情信息时，人工智能可能会忽略某些地区或者群体的需求，导致不公平的信息传播。另一方面，人工智能在传递应急科普信息时，也可能会引发一些社会问题。比如，如果没有经过专业审查，人工智能可能会传递一些不准确或者误导性的信息，给公众带来不必要的恐慌和焦虑。

**1. 数据安全与隐私、版权保护**

在收集和使用应急科普数据时，如何确保个人隐私和数据安全是一个重大的挑战。必须采取严格的数据保护措施，如高级的加密技术和精细的访问控制机制等，以防止数据泄露和滥用。这些措施不仅需要技术上的支持，还需要政策、法规和管理的多方面配合，以确保数据安全与隐私保护的全面落实。另外一方面，AI作品的知识产权的保护也是一种新的挑战。由于AI作品的产生过程不同于传统作品，其知识产权保护面临着许多新的难题。例如，如何确定AI作品的著作权归属，如何保障AI作品的创新性和独特性，如何防止剽窃和盗版等侵权行为的发生，这些都是亟待解决的问题。

### 2. 算法偏见

AI算法可能会存在偏见，这会导致应急科普决策的不公。为了解决这个问题，需要采取公正、透明的算法设计和评估方法，以确保AI的公正性和无偏见性。例如，可以采用数据清洗和去标识化等技术手段，以减少算法偏见的可能性。同时，也需要开展相关的研究和讨论，以推动算法偏见的识别和消除。这需要跨学科的合作和深入的研究，包括计算机科学、社会学、心理学等多个领域。

### 3. 技术门槛高

尽管AI的应用越来越广泛，但其在应急科普领域的应用仍需要具备专业的技术知识和经验。因此，对于非技术人员来说，使用AI技术可能会存在一定的困难和门槛。为了解决这个问题，需要提供更多易于使用、直观的AI工具和平台，以降低使用门槛。例如，可以开发一些基于图形用户界面的AI工具，使得用户可以通过简单地拖放和配置操作来使用AI技术，而无需编写任何代码。同时，也需要开展相关的培训和指导，以帮助非技术人员更好地理解和应用AI技术。

## 四、结论

应急科普发展的一个新阶段已经到来，现阶段亟须对人工智能应用于应急科普开展相关探索与研究，如制定相关标准，建立专家审稿等机制开展探索等。例如，可以利用人工智能技术建立应急科普知识库，通过自然语言处理技术，实现对自然语言提问的自动回复，同时利用深度学习技术，不断优化知识库的内容，提高回复的准确性和实用性。又例如，如何保证回复内容的准确性和权威性？如何避免回复内容的不当引导或误导？这些问题都需要通过专家审稿机制来解决。通过专家审稿，可以确保回复内容的质量和可靠性，从而更好地服务于应急科普工作。

人工智能（AI）在应急科普领域的应用具有广阔的前景和挑战。通过个性化推送、实时数据分析和虚拟现实与模拟训练，AI能够为用户提供更加精准、及时和有效的应急科普内容。然而，同时我们也面临着数据安全与隐私保护、算法偏见和技术门槛高等方面的挑战。为了充分发挥人工智能在应急科普中的优势，我们需要继续研究和解决这些问题，并期待看到更多的创新方法和研究，以实现人工智能在应急科普领域的广泛应用，为社会带来更大的价值。

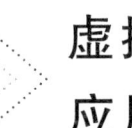

# 虚拟技术在仿真训练体验中的应用：科技与教育的完美融合

随着科技的不断发展，虚拟技术将在未来发挥更加重要的作用。它的仿真训练体验功能将改变人们的学习方式，提高人们的技能和应对能力。同时，虚拟技术也将为人们的生活和工作带来更多的便利和效率。虚拟技术，包括 VR、AR 和 MR，正逐渐渗透到日常生活之中。这些技术将与 5G、云计算和物联网等新技术无缝集成，为人们带来了更加智能化、高效化和安全化的生活和工作方式。

VR，即虚拟现实，它运用计算机技术创造出一个完全虚拟的影像和环境，将体验者完全带入一种沉浸式的体验环境中，让人感到身临其境。这种技术可以创造出非常逼真的虚拟环境，让体验者有非常真实的感觉。例如，模拟火灾发生的场景，根据情况选择应急避险方法，从而有效地保护自己和周围人的生命财产安全。

AR，即增强现实，通过电脑技术将虚拟的信息应用到真实世界中。AR 技术可以将虚拟的物体与真实的环境实时地叠加到同一个画面或空间中，同时存在。这种技术可以将真实的环境和虚拟的物体相互结合，创造出一种全新的体验。通过 AR 技术，可以将虚拟信息与真实的宣传材料相结合，

---

本文作者张英，2024 年拟发表于《科普时报》。

例如在宣传海报上添加虚拟的消防知识和动画,让公众更加深入地了解消防安全知识。

MR,即混合现实,利用全息图将虚拟的环境和真实的环境结合起来,在视觉上构建一个新的"世界"。MR 技术可以将虚拟的环境引入到真实场景中,让用户在同一环境中同时看到虚拟和真实的元素,创造出一种全新的体验。可以用来辅助消防训练,例如在模拟火灾现场中进行灭火训练、救援训练等。这种训练可以提高消防员的应急处理能力和技能水平。

此外,还有一种被称为 CR(Converged Reality)的技术,它能够将真实世界与虚拟世界巧妙地融合在一起。这种技术让用户能够在真实的物理环境中,与虚拟物体进行互动和操作,打破了传统虚拟现实技术的局限性。CR 技术可以通过虚拟演示的方式,向公众展示如何正确使用灭火器,如何应对不同类型的火灾,提高公众的自救和互救能力。尽管这种技术目前仍处于发展阶段,尚未得到广泛应用,但它在未来有着广阔的应用前景,它不仅可以提高用户体验,还可以提高效率、降低成本并带来更多的便利,有望为用户带来更加丰富、沉浸式的体验。

## 一、虚拟技术在仿真训练体验中的优点

### 1. 高度仿真

通过虚拟技术,仿真训练体验可以为用户提供逼真的三维场景,让用户感觉像是真正置身于场景中。这种身临其境的感觉可以加深用户对知识的理解,提高学习效果。虚拟技术可以创建与现实世界极其相似的虚拟环境和对象,提供逼真的视觉、听觉和触觉体验,使受训者仿佛身临其境,能够更加深入地理解和应对各种情况。这种仿真体验能够使受训者更加自信地面对现实中的各种挑战,提高应对突发情况的能力。

## 2. 交互性强

虚拟技术可以实现人机交互，受训者可以与虚拟对象进行互动和操作，就像在现实世界中一样。虚拟技术可以实现用户与场景的实时互动，使用户能够通过手势、触摸等操作与场景进行交互。这种交互性可以增强用户的参与感和沉浸感，提高学习乐趣。这种交互性能够提高受训者的操作技能和反应能力，使受训者在面对现实中的任务时更加从容和自信。

## 3. 灵活性强

虚拟技术可以随时随地使用，不受时间和地点的限制。这意味着受训者可以在任何时间、任何地点进行训练，这种灵活的学习方式可以满足不同用户的需求，提高学习效率。这种灵活性使得虚拟技术在科普等领域中具有广泛的应用前景。

## 4. 可重复性强

虚拟技术可以重复使用，可以根据需要进行多次训练和模拟。这种可重复性使得受训者可以在不同的时间段内进行训练，提高技能水平和应对能力。此外，虚拟技术还可以记录受训者的训练过程和结果，方便进行后续的分析和评估。

## 5. 安全性高

在仿真训练体验中，用户不会面临真实场景中的危险。这种安全性使得虚拟技术成为一种非常适合用于体验场馆的教学工具，尤其对于那些需要实践操作的教学活动来说，虚拟技术提供了一个安全且仿真的环境，让用户可以在不用担心安全问题的前提下，自由地进行实践操作，从而更好地掌握知识和技能。同时，这种安全性也使得虚拟技术成为一种低风险、低成本的训练工具，可以为企业和机构节省大量的培训成本和时间成本。

总之，虚拟技术在应急科普仿真训练体验中具有广泛的应用前景。通过高度仿真、交互性强、灵活性强和可重复性强的特点，虚拟技术可以为受训者提供更加真实、高效、灵活的训练体验，提高受训者的技能水平和应对能力。

## 二、仿真训练体验的应用场景

### 1. 科学教育

在科学教育领域，虚拟技术展现出了无可比拟的优势。它能够将抽象的概念转化为逼真的三维场景，为用户打造沉浸式学习体验。通过虚拟技术，学习者可以深入观察到地球的内部结构，清晰地揭示地震发生的原理，以及了解自然灾害的发生和分布情况。这种直观的学习方式大大提高了学习效果，使学习者能够更好地理解科学原理。同时，虚拟技术在应急避险方面的教育也具有重要作用，它能够教会学习者在面对各种紧急情况时，如何采取正确的行动保护自己。

### 2. 警示教育

在历史文化领域，虚拟技术为学习者提供了一种全新的学习体验。通过这种技术，学习者可以穿越时空，亲身体验灾害或事故发生的场景，从而更好地了解历史上的灾难事件。此外，虚拟技术还可以用来参观虚拟的遗址地展览，让学习者在沉浸式的环境中深入了解历史事件。这种警示教育方式不仅提高了学习者的学习兴趣，也增强了他们的责任感和安全文化素养。

### 3. 职业培训

在职业培训领域，虚拟技术同样具有巨大的潜力。它可以模拟真实的工作环境，为学习者提供一个安全、高效的实践平台。例如，在应急救援训练中，通过虚拟技术，学生可以在虚拟火场中进行救援应急操作。这种训练方式不仅使学生能够在实际操作前掌握基本的技能，还能够在模拟的紧急情况下锻炼他们的反应能力和判断力。职业培训领域的虚拟技术应用不仅提高了培训效率，还降低了实际操作中可能出现的安全风险。

### 三、未来发展趋势

#### 1. 技术的不断进步

随着技术的不断进步，仿真训练体验将会更加逼真、更加智能。例如，全息投影技术可能会被应用到虚拟技术中，为用户提供更加真实的视觉体验。这种技术可以创造出一种身临其境的感受，仿佛用户真的置身于另一个环境中。此外，AI 技术的进步也将为虚拟技术提供更多的可能性，例如自适应学习、智能推荐等。这些功能可以根据用户的个人偏好和学习风格来提供更加个性化的体验。

#### 2. 体验普及化

随着虚拟技术设备的价格逐渐降低和性能不断提升，仿真训练体验虚拟技术将会更加普及化。更多的体验场馆将会引入虚拟技术，为用户提供更加丰富、更加生动的体验内容。这些体验场馆可以提供各种不同的仿真训练体验，如火场求生、灾害避险等，让用户在安全的环境中尝试各种不同的技能。

#### 3. 现实体验与虚拟体验的融合

随着科技的飞速发展，这种融合意味着将虚拟世界中的数字信息与现实世界的物理信息相结合，从而创造出一种全新的体验。现实体验与虚拟体验的融合是一种未来的发展趋势。通过这种融合，人们可以在更加真实、更加丰富的环境中获得更加多样化的体验。这种融合也将为各个领域带来巨大的机遇和挑战。

总之，仿真训练体验在体验场馆中的应用具有巨大的潜力。随着技术的不断进步和普及化，这种全新的学习方式将为我们的生活带来更多的便利和乐趣。让我们期待着仿真训练体验在未来的发展与应用！同时也可以为个人提供更加个性化、自主化和多样化的学习方式。

# 如何做好应急科普讲解

## 一、从5W传播模式来看

5W模式是一种经典的传播模式,广泛应用于各个领域,包括新闻传播、广告、社交媒体等。它由五个方面组成:谁(Who)、说了什么(Says What)、通过什么渠道(In Which Channel)、对谁说的(To Whom)和取得了什么效果(With What Effect)。这个模式对于应急科普讲解同样适用。

首先,对于"谁"这个方面,应急科普讲解的传播者应该是专业的应急人员、专家学者或具有相关资质的机构。他们具备专业的应急知识和丰富的实践经验,能够为公众提供科学、实用的应急防护知识和技能。此外,一些具有公信力和影响力的公众人物也可以作为应急科普讲解的传播者。这些传播者通过各种渠道传递信息,以帮助公众更好地应对紧急情况。

其次,对于"说了什么"这个方面,应急科普讲解的内容应该包括各种紧急情况下的应对措施和防护方法,如自然灾害、事故灾难、公共卫生事件等。这些内容应该简洁明了、易于理解,并且符合公众的认知能力和需

---

本文作者张英,2024年发表于《现代职业安全》。

求。此外，还可以通过实例分析、案例分享等方式来增强讲解的实用性和可信度。

第三，对于"通过什么渠道"这个方面，应急科普讲解的渠道可以包括各种媒体平台，如电视、广播、报纸、互联网等。这些渠道适合不同受众群体的需求，如老年人可能更喜欢电视和广播，而年轻人则更倾向于互联网和社交媒体。此外，还可以通过讲座、宣传活动、培训班等方式进行传播。

第四，对于"对谁说的"这个方面，应急科普讲解的受众群体应该包括广大公众，特别是那些容易受到紧急情况影响的人群，如学生、老年人、残疾人等。针对不同的受众群体，需要选择相应的讲解内容和方式，以便更好地传递信息和知识。

最后，对于"取得了什么效果"这个方面，应急科普讲解的效果可以通过多种方式进行评估，如问卷调查、访谈、观察等。评估的内容可以包括公众对应急知识的掌握程度、对应急措施的正确理解程度、对讲解内容的信任度和满意度等。此外，还可以通过实际操作和演练来检验应急科普讲解的效果。

综上所述，从5W模式的五个方面出发，我们可以更好地理解和分析应急科普讲解的传播过程和效果。通过科学合理的策划和实施，可以有效地增强公众的应急意识和能力水平。

## 二、从解说系统功能来看

从解说人员专业化、解说信息规范化和设施标准化三个方面，可以对应急科普讲解进行以下分析：

解说员专业化方面，应急科普讲解需要拥有一支具备专业背景、实际工作经验和良好语言表达能力的解说员队伍。为了实现这一目标，需要制定严格的选拔标准，并对应急科普讲解的解说员进行全面、系统的专业培训，包括应急救援知识、讲解技巧、互动沟通等方面，以提升其专业素养和讲解能力。同时，实施定期考核，对应急科普讲解的解说员进行专业水平评估，针对不足之处进行改进和提升，确保解说员队伍的专业化水平不断提升。

解说信息规范化方面，制定规范的解说信息标准是提高应急科普讲解质量和效果的关键。这包括明确语言表达的要求、信息内容的结构、数据引用的规范等。通过强化内容审核，可以确保信息的准确性和可靠性，避免误导公众。同时，加强监督执行，确保规范的解说信息在应急科普讲解中的准确应用。

解说设施标准化方面，制定设施标准并严格选材标准是提高应急科普讲解质量的重要保障。根据应急科普讲解的需求和特点，制定相应的设施标准，包括场地大小、展示板材、音响灯光设备等。选择符合标准的材料和设备，可以确保设施的质量和稳定性。同时，加强设施维护和管理，对应急科普讲解的设施进行定期维护和管理，确保其正常运转和使用效果。

综上所述，从解说员专业化、解说信息规范化和解说设施标准化三个方面出发，可以有效地提高应急科普讲解的质量和效果。通过加强专业培训、规范信息表达、标准化设施管理等方式，可以更好地为公众提供科学、实用的应急防护知识和技能。这些措施的实施将有助于提高公众对应急科普讲解的信任度和满意度，为社会的安全和稳定作出积极贡献。

## 三、从解说员自身来看

做好应急科普讲解需要从多个方面进行细致地准备和实施，以下是针对五个方面的详细分析：

### 1. 内容选题

选择科普讲解的主题时，要结合当前的社会热点和公众关注的问题，同时还要确保讲解内容的科学性和实用性。例如，近年来全球气候变化导致的自然灾害频发，我们可以选取相关的应急救援、自救互救等主题进行讲解，以满足公众对应急知识的需求。此外，我们还可以根据不同的受众群体，选取与之相关的主题，例如面向学生的防灾减灾教育等，以增强科普讲解的针对性和实效性。内容要具有科学知识，不能单纯说教，要配有实验和演示更好！

### 2. 做好 PPT

PPT 是科普讲解中常用的辅助工具，可以有效地帮助我们传递信息和知识。在制作 PPT 时，需要注意以下几点：①简洁明了：避免 PPT 过于复杂或混乱，尽量使用简洁的图表和文字来表达信息。清晰的布局和简洁的文字可以帮助观众更好地理解内容。②色彩搭配：合理使用色彩搭配可以提高 PPT 的视觉效果。我们可以选择饱和度适中的颜色来避免视觉疲劳，同时还要注意色彩搭配的协调性和美观性。③内容结构：PPT 的内容结构要清晰明了，可以按照提出问题、分析问题、解决问题的思路来组织内容。通过有条理的内容结构，我们可以帮助观众更好地理解应急科普知识。④互动环节：可以在 PPT 中设置互动环节，如提问、小测验等，以增加与观众的互动和交流。通过互动环节，我们可以更好地了解观众的需求和反馈，以便及时调整自己的讲解内容和方式。

### 3. 语言风格

在科普讲解中，语言是传递知识的重要工具。因此，我们需要运用简洁明了、形象生动的语言来进行讲解。例如，可以使用比喻、类比等手法来形象地解释复杂的概念和原理，帮助观众更好地理解。同时，我们需要注意语言的规范性和准确性，避免使用过于专业或难以理解的词汇和术语，以确保观众能够轻松理解并掌握应急科普知识。

### 4. 组织培训

要进行科普讲解的培训，需要包含以下内容：①专业知识：具备相关的科学知识是进行科普讲解的前提。因此，我们需要通过学习掌握相关领域的科学原理、技术方法等专业知识，并能够将其深入浅出地讲解给公众。

②讲解技巧：良好的讲解技巧能够使科普讲解更加生动有趣。我们可以通过学习如何制作PPT、如何把握语速和语调、如何与观众进行互动等技巧，提高自己的讲解能力，以更好地吸引观众的注意力。③实战演练：进行模拟讲解并进行实际演练，可以让培训更加贴近实际，帮助我们更好地掌握相关技能。通过模拟讲解的过程，我们可以发现自己的不足并及时改进，提高讲解的效果和质量。

### 5. 临场发挥

在讲解过程中，我们需要与观众进行互动和交流。通过提问、分享实例等方式来引导观众的思维，同时还要注意对观众的反馈进行观察和判断，以便及时调整自己的讲解内容和方法。遇到技术故障或观众提问等突发情况时，我们需要具备良好的应对能力，能够灵活应对并解决问题。通过与观众的互动和交流，我们可以更好地引导观众的思维，提高科普讲解的效果和质量。

总之，做好应急科普讲解需要我们分析5W传播模式，聚焦解说系统功能发挥，在选题、培训、语言、临场发挥和PPT制作等多个方面进行细致的准备和实施。通过不断提高自身的专业素养和讲解能力水平，我们能够更好地为公众传递科学知识和应急防护技能，从而为增进公众的安全和福祉做出积极的贡献。

# 应急科普人才培育的路径

应急科普在当今社会具有极其重要的意义。在面对各种突发事件时，向公众传递正确的应急知识，可以有效地减少伤亡和损失，提高社会的整体应对能力。而实现这一目标的关键因素在于人才。只有具备了专业素养和技能的人才，才能真正推动应急科普工作的开展。为了培养出优秀的应急科普人才，确实需要综合运用多种手段和措施。培养应急科普人才需要全社会的共同努力。只有综合运用多种手段和措施，才能真正培养出具备专业素养和技能的应急科普人才，为社会的安全和发展做出更大的贡献。

## 一、应急科普人才培养的策略

### 1. 加强培训，提升能力

我们需要加强对应急科普人才的培训和管理。培训应保持常态化、持续化，不仅注重应急救援技能的提升，还要注重对应急科普人才的思想教育。同时，我们还需要建立完善的管理制度，对应急科普人才进行规范管理，以确保他们能够更好地服务于社会。

---

本文作者张英，2024年发表于《湖北应急管理》。

首先,我们需要制定一份全面、科学且实用的培训计划。该计划应该包含理论课程和实践操作两个部分,以确保学员能够全面掌握应急科普所需的知识和技能。其中,理论课程应该涵盖应急救援的基本知识、公共卫生、安全防护等多个领域,让学员对紧急情况下的应对方法和注意事项有深入的了解。同时,实践操作环节应该包括应急救援实际操作、紧急情况下的组织协调等环节,让学员能够将理论知识应用到实际操作中,提高应对紧急情况的能力。

其次,培训计划应该根据不同的受众群体进行定制。不同的人群在应急科普方面所需的知识和技能可能会有所不同,因此我们需要根据受众群体的特点和需求进行针对性的培训。例如,对于普通公众,我们可以重点讲解应急救援的基本知识和安全防护技能;对于救援人员和医护人员,我们可以重点讲解紧急情况下的组织协调和救援实际操作技能。

最后,培训计划应该注重培训效果评估和反馈。培训效果评估可以帮助我们了解学员的学习情况和掌握程度,为我们进一步改进培训计划提供依据。同时,学员的反馈和建议也可以帮助我们提高培训质量,让更多的人受益于应急科普培训。

## 2. 建立健全能力评估体系

我们需要建立健全、科学、合理的能力评估体系,这个评估体系应该具备高度的透明度、公正性和客观性。它应该能够全面、准确地衡量应急科普人才所具备的能力和素质,避免出现评估偏差和遗漏。在构建这个评估体系时,我们需要充分考虑应急科普人才的多个方面,包括但不限于专业知识、技能水平、实践经验、心理素质等。本文提出应急科普从业人员能力评估指标如表1。

表1 应急科普从业人员能力评估指标

| 一级指标 | 二级指标 |
| --- | --- |
| 知识储备与学习能力 | 掌握应急管理、公共安全、灾害防治等方面的基本知识 |
| | 了解相关政策和法规 |

续表

| 一级指标 | 二级指标 |
| --- | --- |
| 知识储备与学习能力 | 具备基本的应急处置能力 |
| | 具备快速学习和适应的能力，不断更新自己的知识储备 |
| | 具有应急科普研究的能力 |
| 创作与演讲能力 | 能够将应急科学知识用通俗易懂的语言呈现出来 |
| | 注重文章的结构和逻辑性 |
| | 内容的趣味性、可读性较强 |
| | 口头表达能力较强，能够流畅自然地进行演讲 |
| | 注重与听众的互动，增加听众的参与感和理解度 |
| 服务态度与团队协作能力 | 对听众有耐心，能够细心解答问题 |
| | 对工作充满热情，认真负责 |
| | 及时反馈听众的意见和建议，不断完善科普服务工作 |
| | 能够与其他人员有效配合，共同完成科普任务 |
| 创新能力与国际化能力 | 具备创新能力，能够在科普内容、形式、方法等方面进行创新和改进 |
| | 了解和掌握国际应急管理的最新理论和实践 |
| | 能够与国际同行进行有效的交流和合作 |

对于专业知识的评估，我们可以采取考试、面试、作品评审等方式，考察应急科普人才对科学知识、应急管理理论、危机传播理论等内容的掌握程度。对于技能水平的评估，我们可以采取实际操作、模拟演练等方式，考察应急科普人才在信息收集、分析、传播等方面的技能水平。对于实践经验的评估，我们可以采取案例分析、经验分享等方式，考察应急科普人才在应对突发事件时的实践经验和应对策略。对于心理素质的评估，我们可以采取心理测试、模拟压力测试等方式，考察应急科普人才的抗压能力、应变能力和情绪管理能力等。

只有通过全面的评估，确保应急科普人才具备了这些方面的能力和素质，才能让他们胜任应急科普工作。他们将能够为公众提供及时、准确、有用的科学信息，帮助公众更好地应对突发事件。同时，这个能力评估体系也将成为应急科普人才培训和发展的参考依据，为提高他们的能力和素质提供指导和支持。

### 3. 建立相应的激励机制

只有给予足够的激励和奖励，才能吸引更多的人才参与到应急科普工作中来。例如，可以设立应急科普志愿者星级制度，根据志愿者的服务时长、服务质量等进行升级，同时给予他们一定的精神和物质奖励，以激发他们的工作热情和积极性。

只有给予足够的激励和奖励，才能吸引更多的人才参与到应急科普工作中来。例如，可以设立应急科普志愿者星级制度，根据志愿者的服务时长、服务质量等进行升级，同时给予他们一定的精神和物质奖励，以激发他们的工作热情和积极性。这个观点并不是空穴来风，而是基于广泛的社会现实和科学理论。

首先，人才是推动社会进步和实现经济增长的关键因素。在应急科普工作中，同样需要大量的人才来提供专业的知识、技能和经验。然而，如果没有足够的激励和奖励，这些人才就可能不会投入到这项工作中来。因此，为了吸引更多的人才参与，必须采取一些有效的措施来激励他们。

其中，设立应急科普志愿者星级制度是一个很好的选择。这种制度可以根据志愿者的服务时长、服务质量等因素进行升级，从而给予他们一定的荣誉和地位。这种荣誉和地位可以激发志愿者的自尊心和自豪感，进而提高他们的工作热情和积极性。同时，这种制度还可以促进志愿者之间的竞争和合作，有利于提高整个应急科普工作的质量和效率。

除了星级制度，给予志愿者一定的精神和物质奖励也是必要的。这些奖励可以包括证书、奖章、荣誉称号等，以表彰志愿者在应急科普工作中所作出的贡献。同时，还可以提供一些实质性的奖励，如培训机会、实习机会等，这些奖励可以满足志愿者的个人发展需求，同时也有助于提高他们的专业技能和知识水平。

综上，只有给予足够的激励和奖励，才能吸引更多的人才参与到应急科普工作中来。通过设立应急科普志愿者星级制度以及给予一定的精神和物质奖励，可以激发志愿者的热情和积极性，提高整个应急科普工作的质量和效率。这种做法值得广泛推广和应用。

## 二、应急科普职称制度设计

### 1. 设立专项职称类别

对应急科普领域设立专门的职称类别，如"应急科普专家""应急科普教师"等，可以体现对应急科普人才的重视和认可，鼓励更多的人才投身于应急科普事业。

为了更好地吸引和留住应急科普领域的优秀人才，为他们提供更多的职业发展机会，可以设立专门的职称类别，如"应急科普专家"和"应急科普教师"。这些职称类别不仅对应急科普领域进行了细分，而且为该领域的专业人员提供了一个明确的职业发展方向。通过这种方式，可以提升他们在工作中的价值和成就感，进而激发他们的工作热情和投入。

### 2. 强调实践经验

在职称评定中，对应急科普人才的实践经验进行重点考察。对于那些在应急救援、科普宣传、培训等工作中有丰富经验的人才，给予更高的评价和认可。

实践经验是衡量一个人在应急科普领域能力水平的重要标准。通过对应急科普人才的实践经验进行重点考察，可以了解他们在实际工作中所积累的经验和技能。对于那些在应急救援、科普宣传、培训等工作中有丰富经验的人才，给予更高的评价和认可，可以激励他们继续发挥自己的优势，为应急科普事业做出更大的贡献。

### 3. 注重综合素质

除了专业知识和实践经验外，还应注重对应急科普人才的综合素质的考察。对于那些在沟通能力、组织协调能力等方面表现突出的人才，也应给予相应的认可。优秀的应急科普人才需要具备良好的沟通能力和组织协

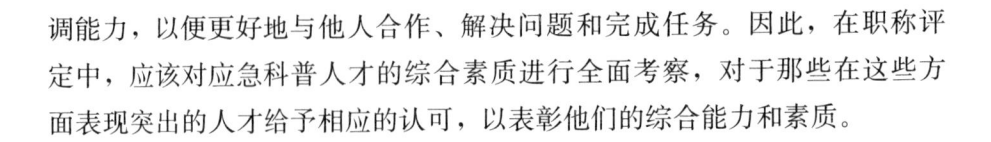

调能力，以便更好地与他人合作、解决问题和完成任务。因此，在职称评定中，应该对应急科普人才的综合素质进行全面考察，对于那些在这些方面表现突出的人才给予相应的认可，以表彰他们的综合能力和素质。

## 三、研究应急科普奖励制度

### 1. 设立奖项

设立与应急科普相关的奖项，如"全国应急科普先进个人奖""省级应急科普专家奖"等，以表彰在应急科普领域做出卓越贡献的人才。这些奖项不仅可以激励更多的人投身于应急科普事业，为公众提供更好的应急防护知识和技能，还可以提高公众对应急科普人才的认知度和重视程度，进一步推动应急科普事业的发展。

### 2. 加大宣传力度

通过各种渠道和媒体广泛宣传应急科普奖项的评选标准和表彰情况，可以让更多的人了解应急科普人才的重要性和价值，进一步鼓励更多的人参与到应急科普事业中来。例如，可以在电视台、广播电台、报纸、网络等媒体上发布评选标准和表彰情况的相关广告，对应急科普人才进行宣传和推广，提高公众对应急科普人才的认知度和重视程度。

### 3. 给予政策支持

对应急科普人才在科研项目、职业发展等方面给予一定的政策支持，为其提供更好的发展环境和机会。这种政策支持可以鼓励应急科普人才不断提高自己的能力和素质，为公众提供更好的应急防护知识和技能。例如，可以给予应急科普人才一定的科研经费支持，鼓励他们开展与应急科普相关的研究工作；还可以为他们提供更好的职业发展机会，如晋升、加薪等方面的政策支持。

## 四、设立相关课题项目

### 1. 设立专项课题

设立应急科普相关的专项课题,鼓励科研机构、高校、企业等单位开展应急科普相关的研究工作。这些课题的研究旨在培养更多的应急科普人才,为人才培养提供良好的研究环境。通过专项课题的设立,可以吸引更多的科研人员和学者投入到应急科普领域,进一步推动应急科普事业的发展。

### 2. 加强学术交流

举办应急科普相关的学术会议、研讨会等,促进学术交流和合作。这些学术活动为应急科普人才提供了一个与同行进行深入的交流和学习的平台,有助于提高他们的学术水平和综合素质。通过加强学术交流,可以促进不同学科之间的交叉融合,推动应急科普领域的创新和发展。

### 3. 推广研究成果

积极推广和应用应急科普研究成果,将理论与实践相结合。推广研究成果可以让更多的应急科普人才了解到最新的研究成果和技术进展,从而更好地应用到实际工作中去,提高实际工作能力和创新能力。同时,推广研究成果还可以促进科技成果的转化和应用,推动应急科普事业的发展和进步。

总的来说,培养应急科普人才需要从多个方面入手,包括职称制度设计、奖励制度、课题研究等方面。通过制定合理的政策和措施,可以培养更多具有专业素养和创新能力的应急科普人才,为公众提供更好的应急防护知识和技能。这些措施不仅可以提高应急科普人才的专业水平和素质能力,还可以为社会的安全和发展作出积极的贡献。

## 五、结语

综上所述，应急科普人才的培养是一项至关重要的任务，需要多方面的手段和措施来确保其能力和素质得到全面提升。这些应急科普人才需要具备扎实的科学知识、卓越的沟通能力、快速反应能力以及丰富的实践经验。只有具备了这些能力和素质，他们才能更好地服务于社会，为公众提供及时、准确、科学的应急科普信息。

为了实现这一目标，我们需要采取一系列措施。首先，我们需要建立健全的培训机制，对应急科普人才进行定期的培训和考核，确保他们能够不断地学习和提高自己的专业知识和技能。其次，我们需要加强与媒体、政府部门、科研机构等各方面的合作，共同推动应急科普人才的培养和发展。此外，我们还需要积极开展科普活动，增强公众的应急科普意识和自救互救能力。

在实施这些措施的过程中，我们还需要注意一些问题。首先，我们需要确保应急科普信息的准确性和权威性，避免出现误导公众的情况。其次，我们需要加强对应急科普人才的管理和监督，确保他们的工作质量和效率。最后，我们还需要积极推广应急科普知识，提高公众对应急科普的认知度和重视程度。

总之，应急科普人才的培养是一项长期而艰巨的任务，需要政府、企业、社会各界共同努力。只有通过多方面的手段和措施，不断提高应急科普人才的能力和素质，才能更好地服务于社会，为公众提供安全、健康、稳定的生存环境。

# 附 录

# 附录1：推进安全宣传"五进"工作方案

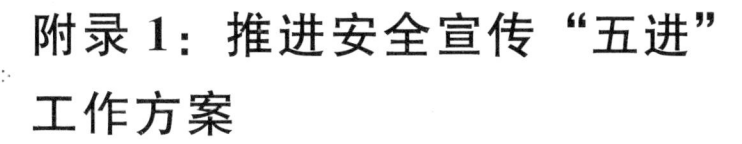

为扎实推进安全宣传进企业、进农村、进社区、进学校、进家庭，牢固树立安全发展理念，大力加强公众安全教育，进一步提高全社会整体安全水平，制定本方案。

## 一、指导思想

坚持以习近平新时代中国特色社会主义思想为指导，全面贯彻党的十九大和十九届二中、三中、四中全会精神，深入贯彻落实习近平总书记关于应急管理重要论述精神，树牢安全发展理念，推动安全责任落实，完善公民安全教育体系，坚持社会共治，坚持群众观点和群众路线，拓展人民群众参与公共安全治理的有效途径，加强公益宣传，普及安全知识，培育安全文化，从安全价值、安全伦理、安全认同、安全意愿、安全意识、安全知识与安全技能等方面，扎实推进安全宣传"五进"工作，进一步增强公众风险防范、安全应急意识和自救互救能力，积极营造全社会关注、全民参与的良好氛围，努力提高社会参与能力、全民安全素质和社会整体安全水平。

---

国务院安委会办公室、应急管理部 2020 年 6 月印发。

## 二、宣传重点

各地区、各有关部门和单位要充分认识推进安全宣传"五进"工作在服务社会安全发展、提升社会安全水平方面的重要作用，坚持平战结合的工作机制，重点做好安全发展理念的宣传教育，大力宣传习近平总书记关于应急管理重要论述和党中央、国务院决策部署，牢固树立安全发展理念，弘扬生命至上、安全第一的思想；重点做好安全生产和自然灾害防治形势任务的宣传教育，引导社会各方科学理性认识灾害事故，增强忧患意识、风险意识、安全意识和责任意识；重点做好安全生产、防灾减灾救灾和应急救援等工作举措的宣传教育，推进工作理念、制度机制、方法手段创新运用，强化社会安全自觉，深化社会共治理念；重点做好相关法规制度标准的宣传教育，宣传党委政府、监管部门的安全监管职责，企业和从业人员等各方面的安全权利、义务和责任，增强安全法治意识、法治水平和法治素养；重点做好公共安全知识的宣传教育，普及与人民群众生产生活息息相关的风险防范、隐患排查、应急处置和自救互救等安全常识，营造良好安全舆论氛围，夯实社会安全基础。

## 三、任务措施

**（一）安全宣传进企业。**

主要任务：推动落实企业安全生产主体责任，健全完善并严格落实安全生产责任制、安全生产管理制度，建立健全安全生产风险防控和隐患排查治理体系，增强企业防控安全风险和应急处置能力。强化企业负责人安全责任意识，提升从业人员安全素质，培育企业安全文化，筑牢安全管理防线，推动企业建立自我约束、持续改进的内生机制。

主要措施：

1. 将安全宣传教育纳入企业日常管理，与生产经营各项工作同研究、同部署、同落实；将安全生产宣传教育培训纳入企业发展规划，健全培训制度，创新培训形式；将安全生产宣传教育作为企业班前会、月度例会、生产经营会和安全生产工作会议的固定议题。

2. 推动企业落实安全生产主体责任，定期举办"安全大讲堂"，企业主要负责人带头讲安全课；组织安全生产法治宣讲会，增强职工法律意识；开展安全生产经验交流活动，组织职工、家属观看安全生产警示教育片。

3. 鼓励企业开展"公众开放日"活动，邀请社会公众走进企业，近距离接触生产、了解生产，为企业安全管理建言献策；组织企业积极参加"安全生产月""安康杯"竞赛、"青年安全生产示范岗"创建等活动；组织企业职工开展安全应急培训演练，提高应急处置、自救互救能力。

4. 广泛开展"查找身边的隐患"活动，设立隐患线索举报平台，健全激励奖励机制；要依法建立安全"吹哨人"和内部举报人制度，加大举报奖励力度，及时发现风险隐患，检举重大风险隐患和违法行为，保护社会、集体和个人的安全权益。

5. 结合开展专家指导服务，推动企业做好风险辨识防控、隐患排查治理、按章作业等工作，提高企业安全水平；邀请新闻媒体走进企业，开展"安全生产大家谈""安全一线面对面"等报道活动，宣传先进典型和经验做法，支持新闻媒体开展舆论监督，曝光安全隐患和违法违规行为。

6. 加强企业安全文化建设，推动企业安全文化创建和安全诚信体系建设，开展安全文化创演活动；设置安全宣传栏和岗位安全标识，张贴安全宣传标语、风险警示公告、安全操作提示、应急处置措施和程序等；鼓励地方政府与企业共建共享安全教育体验场馆，满足企业安全培训需求。

**（二）安全宣传进农村。**

主要任务：提升乡镇政府和村民自治组织的安全意识和安全管理能力。建立农村安全宣传有组织体系、有展示窗口、有便民册子、有广播设施等"四有"工作机制，拓展安全宣传手段，全面提升农民安全意识和应急避险能力，为乡村振兴战略提供有力的安全支撑。

主要措施：

1. 充分发挥乡村干部、安全网格员、灾害信息员、科技志愿者、科普信息员等在农村安全宣传中的主力军作用，调动挂职干部、大学生村官、支教教师等开展安全宣传的积极性，引导广大乡村开展契合本地实际的安全宣传活动。

2. 推动安全宣传纳入美丽休闲乡村、乡村旅游重点村、休闲农业示范县、全域旅游示范区创建工作之中；结合村规民约的制修订，鼓励村委会结合实际出台《村民安全行为规范手册》，建立乡村安全重点对象"特殊关爱"和"邻里守望"制度；结合各地实际，利用"村响、户户通"广播、惠民电影、流动科技馆、"科普中国""科学辟谣"信息化平台等方式，广泛开展安全宣传。

3. 根据不同地域特点，完善农村应急避难场所功能设施、区划标识等，因地制宜开展有针对性的灾害避险逃生、自救互救演练；有条件的乡镇要推动建设安全教育科普站（室、所、点），增强安全宣传的普及性、趣味性和互动性；偏远的景区、主要道路和山林、草原、古村寨、文物古建筑等重点部位，依法设立相应安全警示标识。

4. 利用农闲、节庆、集市、庙会等民俗活动和农民工进城、返乡等时机，针对务工青壮年、农村留守老人、儿童、妇女和孤寡、残障等不同对象，开展精准化安全宣传和咨询服务，有针对性地普及灾害应对和建筑施工、道路交通、水上交通、火灾等方面的安全知识。

5. 积极开展群众性安全文化创演活动，鼓励民办文艺团体、农民业余文艺演出队进行安全文艺创作；充分发挥图书馆、活动室等场所的安全教育功能，在乡村公共场地、人群聚集地合理设置安全宣传橱窗，营造安全氛围。

（三）安全宣传进社区。

主要任务：建立社区安全宣传机制，推动综合减灾示范社区建设，强化社区安全管理和应急处置能力，提升社区居民安全素质和应急能力。加大社区公益宣传力度，深入普及生活安全、交通安全、消防安全常识以及应急避险、自救互救技能。发挥新媒体平台优势，结合社区特点开展示范性、浸润式安全宣传，营造安全稳定的社会生活环境。

主要措施：

1. 将安全宣传作为重要内容纳入全国综合减灾示范社区、全国综合减灾示范县、全国科普示范县（市、区）和安全发展示范城市创建的评定工作；发挥社区内医院、学校、企事业单位以及社会应急力量、社区安全网格员在安全宣传中的作用，推动建立社区安全宣传教育制度体系。

2. 加强社区安全宣传阵地建设，推动建设一批灾害事故科普宣教和安全体验基地，加大各类科技馆、展览馆、体验馆等公益开放力度，拓宽社区居民接受安全宣传教育的途径；推动社区安全体验场所建设，丰富应急避难场所内容和设施功能，将安全元素充分融入社区公园、广场等。

3. 建立社区专兼职安全宣传员制度，从社区居委会、小区业主委员会、物业公司等，选取熟悉社区和居民状况的人员，担任安全宣传员、监督员，鼓励社区党员、退休职工、教师等加入安全宣传志愿者队伍；社区内福利院、养老院等机构，要依法建立安全宣传教育制度、责任人和应急疏散预案。

4. 结合本地区和社区实际，利用全国防灾减灾日、国际减灾日、世界气象日、安全生产月、消防宣传月、全国科普日等节点，定期开展安全宣传教育、隐患排查治理和火灾、地震等群众性应急演练，提升社区居民应急避险和自救互救能力。

5. 策划创作寓教于乐、通俗易懂的安全微视频、公益广告、动漫作品等，设计编印安全手册、海报、挂图、横幅等，在户外电子屏、社区微信群、宣传栏等广泛投放；定期开展以安全为主题的消夏晚会、社区演出等活动，浓厚安全氛围。

**（四）安全宣传进学校。**

主要任务：推动安全教育纳入国民教育体系，在课堂教学、社会实践、班级活动中落实安全教育内容，保障师资、教育资源、时间、场地。发挥育人功能，强化学生和教职工安全意识，做到安全宣传从早抓起、从小抓起，根植安全理念。推动建立学校与政府、企事业单位、新闻媒体的共建协作，普及生活安全、交通安全、消防安全等方面的知识，使学生和教职工做到能应急懂避险、能自救会互救。

主要措施：

1. 落实《中小学公共安全教育指导纲要》，丰富学校安全教育资源，推广典型教育活动，推动将安全宣传教育内容纳入学校教育教学计划，保证安全教育时间。

2. 加强校园安全风险防控体系建设，定期开展校园安全隐患排查，将安全宣传纳入平安校园创建工作中；指导学校建立事故灾害处置预案，健全学校安全事故报告、处置和部门协调机制；定期组织师生开展安全应急疏散演练，组织安全专题讲座。

3. 用好安全教育平台和各类安全教育资源，在各类科技馆中植入安全教育内容；利用全国中小学生"安全教育日"，专题开展安全知识教育；在学校宣传栏、校报校刊、黑板报、校园网和"两微一端"等平台设立安全专栏。

4. 丰富校园安全教育"第二课堂"，结合实际开展安全宣传专题教育活动；聘请"校外安全辅导员"，开办安全知识小课堂、移动课堂等；利用寒暑假期开学前后，开展以安全知识为主题的开学教育和安全教育进军训、进夏（冬）令营等活动。

5. 加强大中小学与社区、农村、企业、部队、社会机构等的联系，搭共建单位，结安全对子，共享安全教育资源；鼓励有条件的学校设立安全体验教室，积极推动建设公共安全教育实训基地，拓展安全教育校外实践领域。

**（五）安全宣传进家庭。**

主要任务：积极推动家庭安全知识宣传教育，提升以家庭为单元的安全能力建设。以生活安全和防灾减灾知识普及为重点，以点带面、辐射带动，发挥安全宣传走进家庭、影响社会的积极作用。结合家庭特点开展个性化、亲情式安全教育，汇聚关注安全的家庭合力。

主要措施：

1. 将家庭安全宣传教育融入"文明家庭""五好家庭"等创建活动中，面向家庭宣传安全防护知识，提升家庭成员的安全防护意识和能力，推动形成良好的社会安全秩序。

2. 推广家庭安全方面的伦理道德标准和价值观，扬安全家风，立安全家规家训，深植家庭安全理念；开展"我把安全带回家""给爸爸妈妈的安全家书"等家庭成员共同参与的邻里联谊和家校共建活动。

3. 广泛开展家庭"安全明白人"活动，提倡健康的家庭安全行为及生活方式，养成良好安全行为和生活习惯；指导家庭加强安全防范，查找、消除安全隐患，掌握避险逃生技能，熟悉避难逃生路线，提升家庭和邻里自救互救能力。

4. 编印发放家庭应急手册、安全读本、安全倡议书、知识卡片等，利用报刊、电视、广播、网络等媒体和百姓宣讲、广场舞、文艺演出、邻居节等活动，普及家庭安全常识。

5. 提倡家庭基本安全教育、保险等资源投入，推动建立并推广家庭应急物资储备清单，引导家庭储备简易应急物资，鼓励有条件的地区面向家庭免费发放应急安全包、灭火器等。

## 四、工作要求

（一）加强组织领导。各地区、各有关部门和单位要充分认识安全宣传"五进"的重要意义，将安全宣传工作纳入重要议事日程，把安全宣传"五进"工作与精神文明创建、社会治安综合治理、全民普法、文化科技卫生"三下乡"等有机结合起来，一并推动落实。要建立安全宣传"五进"会商协调制度，围绕阶段性事项，定期策划宣传选题，增强安全宣传"五进"的针对性和实效性，上下联动、形成声势，营造关心安全、参与安全、呵护安全、共筑安全的浓厚氛围。

（二）强化督导检查。各地区、各有关部门和单位要结合实际，细化安全宣传"五进"工作目标和措施办法，推动工作落实。推动将安全宣传

"五进"相关方面工作开展情况，纳入安全生产和消防工作巡查考核内容，完善评估体系，细化考核办法，落实奖惩措施，确保取得实效。要善于总结指导，及时掌握工作中存在的问题，推进内容形式、方法手段、渠道载体的创新运用和实践推广。

（三）建立长效机制。要推动建立地方政府领导、多部门合作、有关方面共同参与的安全宣传"五进"协作机制，形成各司其职、齐抓共管的工作局面。要充分发挥地方、部门和各人民团体、群众组织的作用和优势，面向所联系管理的领域和群众，广泛开展安全宣传。要围绕实施全民安全素质提升工程，加强政策支持、人员配备和经费保障，积极拓展社会资源进入安全宣传的途径，拓宽社会化市场化筹资渠道，为开展安全宣传"五进"工作提供有力保障。

# 附录 2：关于进一步加强突发事件应急科普宣教工作的意见

为深入学习贯彻习近平新时代中国特色社会主义思想和党的十九大精神，落实《中华人民共和国突发事件应对法》《中华人民共和国科学技术普及法》有关要求，推进实施《"健康中国 2030"规划纲要》《全民科学素质行动计划纲要》，不断增强社会公众关于公共卫生、自然灾害、事故灾难等突发事件的应急意识和应对能力，最大程度地预防和减少突发事件造成的损害，更好地服务和保障经济社会发展，现就进一步加强突发事件应急科普宣教工作提出如下意见。

## 一、背景意义

党和国家历来高度重视应急科普宣教工作。2005 年，国务院办公厅印发《应急管理科普宣教工作总体实施方案》（国办函〔2005〕90 号），有力指导各地各部门将应急防护知识普及到公众、落实到基层。《中华人民共和国突发事件应对法》《"健康中国 2030"规划纲要》等政策规定制度相继明确，县级以下人民政府应当组织开展应急知识的宣传普及活动和必要的应急演练，要完善突发事件卫生应急体系。

---

中国科协等五部委 2020 年 9 月印发。

自新冠肺炎疫情发生以来，在以习近平同志为核心的党中央坚强领导下，经过全国上下艰苦努力，湖北保卫战、武汉保卫战取得决定性成果，防控工作已从应急状态转为常态化。各地各有关部门积极开展应急科普宣教工作，引导公众科学应对疫情、缓解心理压力，在助力打赢疫情防控整体战等方面发挥了重要作用。但也应看到，应急科普宣教工作依然存在不足，跨部门间制度化联动机制有待完善，网络信息冗余且权威发声不足，资源有效整合和精准传播不够，社会力量和市场机制作用尚未得到充分发挥。

当前，我国正处在全面建成小康社会、实现"两个百年目标"的关键时期，进一步加强突发事件应急科普宣教工作，提升全民科学素质以及公众应对突发事件的处置能力、心理素质和应急素养，对于抓紧抓实抓细常态化疫情防控，实现主动防灾、科学避灾、有效减灾具有重要意义。

## 二、总体要求

### （一）指导思想

以习近平新时代中国特色社会主义思想为指导，全面贯彻党的十九大和十九届二中、三中、四中全会精神，认真落实党中央、国务院有关决策部署，坚持以人民为中心的发展思想，以提升公众科学素质为主线，倡导健康文明科学的生活方式，深入开展公共卫生、自然灾害、事故灾难等突发事件应急科普宣教工作，积极回应公众关切、正确引导社会舆论，努力形成全民动员、平战结合、以防为主、防治抗救相促进的生动局面，为实现"两个一百年"奋斗目标和中华民族伟大复兴的中国梦提供坚实基础。

### （二）基本原则

政府主导、社会参与。坚持各级政府的工作主导地位，地方政府就近指挥，发挥主体作用、承担主体责任，根据实际情况及时处理并统筹开展应急科普宣教工作。充分发挥人民团体、专业机构、新闻媒体的重要作用，加强政府与社会力量、市场机制的协同配合，形成工作合力。

平战结合、协同联动。坚持日常科普与应急宣传相统一、经常性宣传教育与集中式宣传教育相统一。在常态化条件下建立部门定期会商制度，加强科普议题设置；在突发事件状态下密切跨部门协作，及时开展应急科普宣教工作，做好政策解读、知识普及和舆情引导等工作。

预防为主、共建共享。坚持早宣传、早发现、早干预，将预防贯穿突发事件管理全过程，推动应急服务供给侧结构性改革。共建共享应急科普内容资源，协同打造资源平台和发声平台，加大基层和偏远地区扶持力度，通过立体化传播和精准化服务，让成果惠及最广大群众。

## 三、主要任务

（一）建立健全应急科普联动协调机制。按照突发事件不同类型，协调推进部门间应急科普宣教工作。一旦发生突发事件，根据不同响应等级，政府相关主管部门通过官方主渠道首先发声，其他机构和媒体平台协同跟进，做好政策解读和知识普及，形成统一发声、联合行动、快速反应的动态机制。宣传部门负责指导协调宣传工作、新闻单位工作；科技部门负责突发事件科研攻关的权威发布；卫生健康部门负责公共卫生应急科普的牵头协调、联动实施和权威发布；应急管理部门及相关议事机构负责自然灾害、事故灾难等应急科普的牵头协调、联动实施和权威发布；科协组织负责联系专家生产精细化科普内容，利用自身平台、组织体系做好资源汇聚和协同传播。

（二）共建国家级应急科普宣教平台。结合健康中国战略、国家应急总体预案和规划，各部门分工负责，集聚资源和渠道推动建设国家级应急科普宣教平台，做好权威发布、专家咨询、线上传播、线下服务、专题宣传等相关工作。科技部和中国科协将建立突发事件科研攻关科普专家库和资源库。国家卫生健康委和中国科协将建立健康科普专家库和资源库，为健康中国平台提供科普内容。应急管理部和中国科协将建立完善应急科普专家库和资源库，协同打造应急管理部官网科普频道和中国应急信息网科普馆。

（三）加强应急科普内容资源建设。贴近实际、贴近生活、贴近群众，大力推进应急科普信息化建设，支持科普中国和科学辟谣等平台升级，针对不同人群开发储备科普内容资源。开展突发事件应急预案和应急机制、体制和法制的科学解读。编制印发社区和家庭应急科普手册，组织开展应急科普作品比赛和推介等活动。完善应急科普产品市场化机制，推动社会力量参与开发与制作，在全国范围内形成一批专业化生产机构。

（四）开展应急科普主题宣教活动。在日常科普中融入应急理念和知识，利用全国防灾减灾日、全国科普日、科技活动周、文化科技卫生"三下乡"、全国安全生产月、119消防宣传月等时间节点，积极开展知识宣讲、技能培训、案例解读、应急演练等多种形式的应急科普宣教活动。重点关注偏远落后和灾害多发地区，提高应对突发事件能力，防止因灾返贫。完善应急科普基础设施，推动建设应急科普宣教场馆，推动科技场馆、教育基地、灾害事故遗址等阵地设施设立应急科普宣教专区。全面推进应急科普知识进企业、进农村、进社区、进学校、进家庭。

（五）强化媒体沟通协调。宣传部门统筹协调各类传统媒体和新媒体，特别是主流新闻媒体和主流网络媒体，会同相关部门共同推动建立应急科普宣教媒体绿色通道。无偿开展突发事件预防与应急、自救互救等方面的公益宣传，充分解读应急预案的主要内容和处置规程。加强舆情跟踪和研究，积极回应和解读热点问题，加强应急科普内容科学性把关，针对谣言快速发声，采用科普方式将相关信息开诚布公，赢得群众信任和理解，营造有利舆论氛围。

## 四、保障措施

（一）加强组织领导。强化政治引领，积极争取党委政府的领导和支持，正确认识突发事件应急科普宣教工作的极端重要性。各级科协要会同宣传、科技、卫生健康、应急管理等部门，结合本地区实际，牵头制定相应的工作计划和应急科普响应机制,纳入各级突发事件应急工作整体规划和协调机制。

(二)完善制度保障。认真贯彻实施《突发事件应对法》《传染病防治法》《科学技术普及法》等法律法规,切实加大执法力度,加强应急科普宣教的配套制度建设,加大应急科普项目支持力度。探索建立工作目标管理和效果评价机制,对在工作中涌现的优秀组织和个人予以激励表扬。全面弘扬科学家精神和志愿者精神,引导科技工作者开展应急科普研究和传播,推动建立发声容错机制,让科技工作者愿说、敢说、乐说。

(三)强化队伍建设。推动应急科普纳入全民素质教育体系,推进应急管理相关学科建设和人才培养。建立国家级应急科普专家委员会,推动形成各级各类专家队伍。提升各级领导干部处置决策能力,提高专职人员和相关媒体人员的业务素质,加强高危行业从业人员的应急科普培训。依托社区管理力量、志愿者等,强化基层救援力量、基层卫生员、灾害信息员、科普中国信息员等队伍建设。

# 后　记

随着《应急科普与安全文化——应急科普创新发展的回顾与展望》一书的付梓，我的心中不禁涌起了深深的感慨。这本书的诞生，不仅是对应急科普与安全文化领域的一次深入梳理和探讨，更是对我们这个时代所面临挑战和机遇的一种思考和回应。

在创作这本书的过程中，我深刻感受到了应急科普与安全文化的重要性。它们不仅仅是知识和技能的传授，更是对社会公众安全意识、风险应对能力和社会韧性的提升。通过回顾应急科普的发展历程，我们可以看到它如何在应对自然灾害、事故灾难等突发事件中发挥着越来越重要的作用。同时，安全文化作为一种深入人心的理念，也在潜移默化中影响着我们的行为和决策。

在创作过程中，我得到了许多专家和同仁的大力支持和帮助。他们的宝贵意见和建议，使得这本书的内容更加丰富和深入。在此，我要向他们表示衷心的感谢。同时，我也要感谢所有为应急科普与安全文化事业付出努力的人们，正是有了他们的辛勤耕耘，才有了今天的成果。

然而，我深知这本书只是对应急科普与安全文化领域的一个初步探索，还有许多问题需要我们去深入研究和探讨。随着科技的不断进步和社会的不断发展，应急科普与安全文化也将面临新的挑战和机遇。因此，我希望这本书能够成为一个引子，激发更多的人对应急科普与安全文化的关注和思考，共同推动这一领域的创新发展。

最后，我要感谢每一位阅读这本书的读者。您的支持和关注，是我们前进的动力。我相信，只要我们携手共进，应急科普与安全文化事业一定能够迎来更加美好的未来。

在未来的日子里，我将继续关注应急科普与安全文化领域的发展动态，不断学习和探索，为这一事业的繁荣发展贡献自己的力量。